Lernkrimi Französisch

Meurtre Au Moulin Rouge

Aleth Gaulon
Rosemary Luksch

compact

In der Reihe Compact Lernkrimi Classic sind erschienen:
- Englisch, Französisch, Italienisch, Spanisch: B1, B2, C1
- Englisch GB/US, Business English: B1, B2
- Deutsch: B1
- Sammelband Lernkrimi Englisch, Französisch, Italienisch, Spanisch: B1/B2

In der Reihe Compact Lernkrimi Kurzkrimis sind erschienen:
- Englisch, Französisch, Italienisch, Spanisch: A2, B1, Deutsch: A2

In der Reihe Compact Lernthriller sind erschienen:
- Englisch: B1, B2, Spanisch: B1

In der Reihe Compact Lernstory Mystery sind erschienen:
- Englisch: B1, B2

In der Reihe Compact Lernkrimi Hörbuch sind erschienen:
- Englisch: A2, B1, B2, Business English: B2
- Französisch, Italienisch, Spanisch: A2, B1

In der Reihe Compact Lernkrimi Audio-Learning sind erschienen:
- Englisch: A2, B1, Französisch, Spanisch, Italienisch: B1

In der Reihe Compact Lernkrimi Sprachkurs sind erschienen:
- Englisch, Spanisch: A1/A2

Lernziele:
- Grundwortschatz, Grammatik (A2, B1)
- Aufbauwortschatz, Konversation (B2)

In der Reihe Compact Schüler-Lernkrimi sind erschienen:
- Englisch, Französisch, Spanisch, Latein, Deutsch, Mathematik, Physik, Chemie
- Sammelband Schüler-Lernkrimi Englisch

Weitere Titel sind in Vorbereitung.

Chefredaktion: Evelyn Boos
Redaktion: Marie Frey
Fachkorrektur: Mireille Schauwecker
Produktion: Johannes Buchmann
Titelillustration: Karl Knospe
Typographischer Entwurf: Maria Seidel

ISBN 978-3-8174-7818-7
7278183/5

www.compactverlag.de, www.lernkrimi.de

Vorwort

Mit den neuen, spannenden Compact Kurzkrimis können Sie Ihre Französischkenntnisse auf schnelle und einfache Weise vertiefen, auffrischen und überprüfen.
Die vier fesselnden Kurzkrimis sind ideal für geübte Anfänger und Wiedereinsteiger.
Jeder Krimi wird durch abwechslungsreiche und kurzweilige Übungen ergänzt, die das Lernen unterhaltsam und spannend machen.
Prüfen Sie Ihr Französisch in Lückentexten, Zuordnungs- und Übersetzungsaufgaben, in Buchstabenspielen und Kreuzworträtseln!
Ob im Bus oder in der Bahn, im Wartezimmer, zu Hause oder in der Mittagspause – das Sprachtraining im handlichen Format bietet die ideale Trainingsmöglichkeit für zwischendurch.
Schreiben Sie die Lösungen einfach ins Buch!
Die richtigen Antworten sind in einem eigenen Lösungsteil am Ende des Buches zusammengefasst. Im Anhang befindet sich außerdem ein Glossar, in dem die schwierigsten Wörter übersetzt sind. Diese sind im Text kursiv markiert.

Und nun kann die Spannung beginnen ...

Viel Spaß und Erfolg!

Inhalt

Meurtre au Moulin Rouge

Eine tote Tänzerin, ein verschwundener Türsteher und eine heimliche Affäre: Ein brisanter Fall für Kommissarin Durètre, denn der Ruf des Moulin Rouge steht auf dem Spiel …

Annie à la mer

Annie findet einen roten Schuh am Strand. Gehört er dem vermissten Mädchen? Hängt ihr Verschwinden mit dem Brand im Haus ihrer Freundin zusammen? Annie begibt sich auf die Suche …

Hector Fervent – Grands Crus

Ein Einbruch im Schloss von Madame d'Aubigny: 100 Flaschen wertvollster Wein sind verschwunden. Die Polizei findet keine Spuren. Hat die Comtesse den Wein etwa selbst gestohlen, um die Versicherung zu betrügen?

Inspecteur Dumoulin : Le lapin dans le chapeau

Mitten in der Vorstellung des Magiers Melchior springt ein Mann auf die Bühne und entführt den Hasen des großen Zauberers: War es ein Konkurrent, ein Tierschützer, oder steckt mehr dahinter?

MEURTRE AU MOULIN ROUGE

Aleth Gaulon

Chapitre 1 : Une danseuse tuée froidement

Il est huit heures trente. Le lieutenant Legout est en pyjama dans sa cuisine. Il écoute de la musique classique et se prépare un bon petit-déjeuner. Le dimanche matin, il aime manger tranquillement et lire le journal. Le café *coule* dans la cafetière, le pain grille dans le *grille-pain*, les *œufs brouillés* sont prêts. Le sucre et le lait sont sur la table à côté du jus d'orange, le beurre est à bonne température, pas trop dur et pas trop *mou*. Pour la confiture, Legout hésite encore : confiture de *framboises* ou gelée de *groseilles* ? Les deux sont *faites maison*, bien sûr.

Il *est en train de* réfléchir quand tout à coup, le téléphone sonne. C'est la commissaire Durètre.

« Bonjour, Lieutenant, dit-elle.

– Bonjour, Commissaire.

– Lieutenant, j'ai besoin de vous dans une affaire très importante. Je *suis en route*, j'arrive chez vous dans deux minutes. »

Le lieutenant n'*a* pas *le temps de* répondre. La commissaire a déjà *raccroché*. Il n'a plus besoin de choisir entre *framboises* et *groseilles* car il n'*a* pas *le temps de* manger. Il s'habille très vite. La commissaire Durètre est toujours très *ponctuelle*. Elle n'aime pas attendre. Il le sait. Il sait aussi que c'est une femme stricte et *exigeante*. Elle n'est pas très drôle, pas très aimable. Elle ne sourit jamais. Elle parle peu, et *en tout cas* jamais de sa vie privée. Au commissariat, tout le monde a un peu peur d'elle. Mais Legout la respecte parce qu'elle trouve toujours les *coupables*.

« Et elle m'a choisi, moi et pas un autre », se dit le lieutenant avec un sourire plein de *fierté*.

ÜBUNG 1 !

Übung 1: Ordnen Sie folgende Substantive nach ihrem Geschlecht!
(sucre, confiture, cuisine, pain, beurre, heure, téléphone, table, café, maison)

männlich: sucre, pain, telephone, table

Le beurre

weiblich: confiture, cuisine, beurre, heure

Il sort de chez lui. La commissaire est déjà là.
« Vous êtes en retard, dépêchez-vous, dit-elle en *démarrant*. Attachez votre *ceinture de sécurité* et n'oubliez pas votre *brassard*. »
Au bout de quelques minutes, elle dit :
« Nous allons au Moulin Rouge.
– Au Moulin Rouge ! »
Déjà le lieutenant *imagine* les danseuses de French Cancan, les plumes, les strass, les paillettes… Il a vu tout cela à la télévision, mais jamais en vrai.
« N'oubliez pas que nous *sommes en service*, Legout », dit la commissaire, un peu sèchement.
Elle présente alors la situation au lieutenant : ce matin, un *employé* a trouvé une danseuse morte dans la *chambre froide* des cuisines du Moulin Rouge. On pense à un *assassinat*. Le commissaire divisionnaire *l'a chargée* personnellement *de* régler cette affaire au plus vite.
« Ne me *décevez* pas, Legout », dit-elle.

Une demi-heure plus tard, la voiture s'arrête à un *feu rouge*. Legout lève les yeux en l'air et *aperçoit* un moulin de couleur rouge.

« Nous sommes arrivés », dit la commissaire.
Elle *gare* la voiture devant le bâtiment, juste derrière un camion de *pompiers*.
Les deux policiers descendent de voiture.
« Bonjour, je suis le directeur du cabaret, dit un homme, à l'entrée.
– Bonjour, je suis la Commissaire Durètre. Et voici le lieutenant Legout.
– Entrez, je vous en prie. »

Ils suivent le directeur dans le hall d'entrée tout *tapissé* de rouge. Ils descendent un petit escalier et avancent dans un long couloir rouge également et éclairé par de petites lumières jaunes. Legout ouvre grand ses yeux et ralentit le pas.
« Avancez donc, Lieutenant ! » dit la commissaire.

Ils arrivent dans la cuisine et entrent dans la *chambre froide*. Il fait moins cinq degrés. Les policiers frissonnent.
Le *médecin légiste* est déjà là, près de la *victime*. La jeune femme est allongée sur le sol. Son corps est déjà raide. Elle porte un jean et un chemisier blanc qui laisse *entrevoir* une partie de son décolleté. Sa peau est pâle. Ses cheveux roux sont détachés et brillants de paillettes. Ses yeux et sa bouche sont fermés, elle a plusieurs petites *traces* brunes sur les *lèvres*.
« Qu'en dites-vous, Lieutenant ? demande la commissaire.
– C'est une très belle femme », répond ce dernier.
La commissaire lève les yeux au ciel.
« Ce n'est pas ma question ! » s'écrie-t-elle.
Le *médecin légiste* dit :
« Je pense qu'elle est morte depuis six ou huit heures, c'est à dire entre une et trois heures du matin, dit-il. Son corps est intact : il s'agit sûrement d'un *empoisonnement*.

– Comment pouvons-nous le savoir ? » demande le lieutenant.

Le *médecin légiste a l'air* surpris par la question.
« Je vais faire une autopsie ! »
La commissaire corrige :
« Le lieutenant veut dire : quand pouvons-nous le savoir ?
– Dans plusieurs jours, répond le médecin.
– Si longtemps ! dit Legout.
– Oh, là, là… Nous ne sommes pas dans une série télévisée américaine ! » répond le *médecin légiste*.
Et il *se met à* rire.

ÜBUNG 2 !

Übung 2: Wie lautet die weibliche Form?

1. petit petite
2. froid froide
3. long longue
4. blanc blanche
5. pâle pale
6. roux rousse
7. beau/bel belle
8. américain américaine

L'*employé* qui a *découvert* le corps *est assis* sur un *tabouret*. Il baisse la tête. C'est un jeune commis de cuisine. Chaque matin, il stocke les produits *frais* dans la *chambre froide*. Le lieutenant *s'approche de* lui.
« Jeune homme, dites-moi, à quelle heure avez-vous *découvert* la *victime* ?
Mais le commis est manifestement très choqué. Il ne dit pas un mot.

« C'est une vraie catastrophe ! » *se lamente* le directeur.

Il explique qu'il ne peut pas *annuler* la représentation du soir même : c'est une soirée spéciale organisée pour un chef d'*Etat* étranger en visite privée à Paris. Plus de cinq cents personnalités sont *invitées*.

« La presse ne *doit* surtout pas apprendre la *nouvelle* ! » dit-il.

Il demande alors aux policiers de tout régler le plus rapidement et le plus discrètement possible.

« D'accord, répond la commissaire. Mais il faut nous aider.

– Bien sûr, Commissaire. Qu'est-ce que je peux faire pour vous aider ?

– Tout d'abord, pouvez-vous nous parler de la *victime* ?

– Oui. Ici, on l'appelle Mimi La Jolie, mais son vrai nom, c'est Sandrine Dupont. Elle a vingt-trois ans.

– Savez-vous si elle avait des *ennemis* ?

– Des *ennemis* ? Oh, non, je ne crois pas. Ici, tout le monde la trouvait très sympathique et très jolie, surtout les hommes.

– Une femme si parfaite est rarement aimée de tout le monde, dit la commissaire à voix basse. Dites-moi, avez-vous remarqué quelque chose d'*inhabituel* hier soir ou ce matin ?

– Non, rien de spécial, aucun signe d'*effraction*. Le spectacle a fini vers une heure du matin, comme toujours. Ah, j'y pense maintenant : je n'ai pas vu le veilleur de nuit ce matin. D'habitude, il est encore là quand j'arrive.

– Connaissez-vous son adresse ?

– Non, mais ma secrétaire peut vous la donner. Oh, s'il vous plaît, retrouvez vite le *meurtrier*…

– Ne *vous inquiétez* pas, Monsieur le Directeur, dit le lieutenant. Nous arrêtons toujours les *coupables*, n'est-ce pas, Commissaire ? »

La commissaire ne répond pas. Elle *est en train* de prendre des notes sur son carnet.

Chapitre 2 : Jalousie

Les deux policiers se *partagent* le travail pour gagner du temps.
« Legout, dit la commissaire, vous enquêtez dans le *voisinage* et vous *interrogez* le veilleur de nuit chez lui. Moi, pendant ce temps-là, j'*inspecte* les *lieux du crime*. »
Le lieutenant sort du cabaret. Les rues sont *désertes*.
« Evidemment, se dit-il, un dimanche, à cette heure-ci, les gens prennent leur petit-déjeuner. »

! ÜBUNG 3

Übung 3: Lesen Sie weiter und setzen Sie die Wörter in Klammern in die Pluralform!

En face, il *aperçoit* un bistrot. Il entre dedans. Il y a quelques habitués au *comptoir* et quatre (1. touriste) __________ *assis* à une table. Le garçon apporte deux (2. *plateau*) __________ avec des (3. café) ________ et des (4. croissant) __________ bien *frais*. La bonne odeur monte aux *narines* du lieutenant. Il a l'eau à la bouche. Il réfléchit un instant puis il prend place au *comptoir* près des habitués et commande un *double* café crème et deux croissants au beurre. Il faut bien *interroger* les (5. habitant) __________ du quartier, cela fait partie du service, après tout !

Les croissants sont délicieux. En mettant trois morceaux de sucre dans son café, le lieutenant commence à discuter avec ses voisins de *comptoir*. Il leur demande s'ils ont vu ou entendu quelque chose de particulier dans la nuit autour du Moulin Rouge. Mais personne ne semble s'intéresser à son affaire, les résultats du *match* de football sont bien plus *passionnants* : Lyon a *battu* Paris Saint-Germain *à domicile* ! Legout a regardé le *match* à la télévision la *veille* au soir. Il est content : il est *supporter* de Lyon. Mais ce n'est pas le moment de le dire.

« Quelle mauvaise saison ! dit-il.

– Moi, Messieurs, je dis que c'est de la faute de l'entraîneur, dit un homme. Avec lui, les joueurs s'*entraînent* comme des fous, et le jour du *match*, ils sont fatigués.

– *Tais-toi*, Marcel, répond un autre. L'*arbitre* était contre nous, c'est tout... »

Tout à coup, une femme *s'approche du* lieutenant Legout.

« Vous avez parlé du Moulin Rouge, Monsieur », dit-t-elle d'une voix douce.

Elle a de grands yeux bleus et de longs cheveux noirs. Elle sourit.

Legout *balbutie* :

« Eh bien, euh... Oui, Madame, euh... Un meurtre, vous voyez...

– Quelle horreur, dit la dame avec une grimace. »

Legout fixe la bouche de son *interlocutrice*. Elle a du *rouge à lèvres* rose. Il trouve cela charmant.

« Et c'est vous qui menez l'*enquête*, Monsieur le Commissaire ?

– Euh, oui, c'est ça. Je mène l'*enquête*, répond le lieutenant en *se redressant*.

– Oh, je *m'inquiète* beaucoup, Monsieur le Commissaire. Mon frère travaille au Moulin Rouge. Ce n'est pas lui la *victime*, *au moins* ?

– Non, n'ayez pas peur, Madame...

– Mademoiselle ! corrige-t-elle.

– N'ayez pas peur, Mademoiselle, dit Legout pour la *rassurer*.

Ce n'est pas votre frère. La *victime* est une danseuse. »

En disant ces mots, le lieutenant se rend compte qu'il parle beaucoup trop. Il se souvient aussi qu'il *doit interroger* le veilleur de nuit. Il paie l'addition, dit au revoir et s'en va.
« Au revoir, Commissaire, dit la jeune femme. Bonne journée. »

Le veilleur de nuit habite à la limite de Paris, Porte de Clignancourt. En métro, ce n'est pas très loin. Il atteint la station « Blanche » en quelques pas. Il faut faire trois stations. A « Barbès », il faut changer et prendre la ligne 4. La Porte de Clignancourt se trouve quatre stations plus loin, c'est le *terminus*.
« Il y a du monde, ce matin, se dit Legout. Mais, oui, bien sûr, tous ces gens vont au *marché aux puces* ! »

Pendant ce temps, la commissaire Durètre *inspecte* minutieusement la *chambre froide* et les cuisines du Moulin Rouge. Mais malgré toute son attention, elle ne trouve aucun *indice* : ni cheveux, ni *empreintes*. Les cuisiniers ne sont pas encore arrivés. Il y a seulement le jeune commis.
« Tout est parfaitement propre et admirablement *rangé*, dit-elle.
– C'est vrai, dit le commis. Le chef cuisinier dit toujours que tout *doit* être *impeccable*. »
Tout à coup, elle remarque un *bol* et une petite cuillère posés sur une *étagère*. Avec ses gants, elle les prend délicatement.
Devant sa mine interrogatrice, le commis explique :
« C'est le *bol* de Mademoiselle Mimi. Tous les soirs, après le spectacle, elle vient manger de la mousse au chocolat ici, dans la cuisine. Habituellement, elle les laisse sales dans l'*évier*. »
La commissaire Durètre prend le *bol* et la cuillère et les met calmement dans un sac en plastique stérile.

« Voilà peut-être des *pièces à conviction* intéressantes », pense-t-elle.
Elle *se dirige* alors *vers* la *loge* de Mimi La Jolie. C'est une pièce assez petite, avec deux fauteuils, deux grands miroirs, deux petites tables et deux armoires à vêtements. Mimi *partageait* sa *loge* avec une autre danseuse. Du côté de Mimi, il y a une multitude de bouquets de fleurs et de cadeaux accompagnés de messages personnels de ses *admirateurs*. La commissaire les *examine* attentivement. Ils sont tous très banals : « Tu es merveilleuse, Mimi », « Bravo, vous êtes magnifique ».

Übung 4: Nennen Sie die Adjektive, von denen sich die Adverbien ableiten!

! ÜBUNG 4

1. minutieusement minutieux/-euse
2. seulement ______
3. parfaitement ______
4. admirablement ______
5. délicatement ______
6. habituellement ______

Le lieutenant Legout *rentre bredouille*. Il n'a pas vu le veilleur de nuit.
« C'est *suspect*, dit la commissaire. Il faut le retrouver. Mais pour l'instant, il y a encore du monde à *interroger sur place*.
– Allons-y », répond Legout.

Les deux policiers entrent dans la grande salle du cabaret. Elle est

décorée dans un style Belle Epoque, tout en rouge et *or*. Il y a *au moins* trois cents petites tables carrées et rectangulaires. Sur la scène, les danseuses *sont en train de répéter* leur chorégraphie.
« C'est vraiment magnifique, s'émerveille Legout.
– C'est surtout immense, dit la commissaire.
– La salle a une surface de presque mille *mètres carrés*. Plus de neuf cents personnes peuvent prendre leur *repas* pendant le spectacle », dit une femme qui *s'approche*.
C'est la chorégraphe. Elle *soupire*.
« C'est terrible, dit-elle. Mimi La Jolie était ma meilleure danseuse. Elle avait le rôle principal dans la revue. Je *dois* la remplacer dès ce soir, pour la revue spéciale prévue pour le chef d'*Etat*.
– Qui est sa remplaçante ? demande Legout.
– Luna Bruna. C'est la camarade de *loge* de Mimi. Elle est *douée*, bien sûr, mais Mimi était plus *douée* que Luna Bruna. Mimi était la plus *douée*… »

ÜBUNG 5 !

Übung 5: Bilden Sie Sätze mit dem Komparativ und Superlativ!

1. la commissaire/le lieutenant/ponctuelle

La commissaire est plus ponctuelle que le lieutenant.

C'est la plus ponctuelle.

2. le lieutenant Legout/les autres lieutenants/gourmand

____

____

3. le métro/la voiture/rapide

____

4. la Tour Eiffel/l'Arc de Triomphe/haute

5. le Moulin Rouge/les autres cabarets parisiens/connu

Les policiers ont la même idée : la *jalousie*, c'est un bon mobile pour un meurtre.
« Pouvons-nous parler à Luna Bruna, s'il vous plaît ? demande la commissaire.
– Oui, mais rapidement car elle a beaucoup de travail, vous comprenez… »
La chorégraphe *fait un signe* de la main à la danseuse et *rejoint* les autres sur la scène.
Luna Bruna arrive.
« Nous avons des questions à vous poser, Mademoiselle, dit la commissaire avec un regard un peu sévère.
– Euh, oui », répond-elle timidement.

Elle rougit. Les policiers pensent qu'ils tiennent peut-être la *coupable*.
« Qu'avez-vous fait hier soir après la représentation ? » demande la commissaire.
La jeune femme *se met à* pleurer.
« J'avoue, c'est moi, dit-elle. J'étais dans la *loge* et j'ai *volé* le petit mot qui était sur la table de Mimi. *Je suis* vraiment *désolée*… »

Elle donne un petit morceau de papier à la commissaire. La commissaire le prend :
« Rendez-vous ce soir comme d'habitude », lit-elle à voix haute.

ÜBUNG 6 !

Übung 6: Lesen Sie weiter und setzen Sie das passende Interrogativpronomen ein!
(pourquoi, qui, qu'est-ce que, quand, où)

« (1.) __________ c'est ?

– C'est un message de Monsieur Martin, répond Luna Bruna.

– (2.) __________ est Monsieur Martin ? demande Legout.

– C'est le *maître d'hôtel* du restaurant du Moulin Rouge. Il *dirige* tout le personnel de service du restaurant. Mimi était sa *maîtresse*. Ils se voyaient secrètement.

– Ah, ah… intéressant ! (3.) __________ se voyaient-ils ?

– Le soir, après le spectacle.

– (4.) __________ se voyaient-ils ?

– Dans les cuisines.

– Très intéressant ! Savez-vous autre chose ?

– Je crois que Mimi voulait que Monsieur Martin quitte sa femme, mais je ne suis pas sûre… Quand Mimi est allée au rendez-vous hier soir, j'ai pris le petit mot.

– (5.) __________ ?

– Pour le donner à Madame Martin et tout lui raconter : la liaison, les rendez-vous *secrets*…
– Pour vous venger de Mimi ? demande la commissaire.
– Oui, c'est ça. Mimi a toujours le rôle principal. Moi aussi je veux le rôle principal !
– Maintenant, vous l'avez ! dit la commissaire
– Oui, mais j'*ai honte*. Et je ne veux pas aller en *prison*… »

Elle *sanglote*. Des larmes *coulent* sur ses *joues*, *glissent* le long de son cou et disparaissent dans son bustier.
Le lieutenant la prend dans ses bras.
« Calmez-vous, Mademoiselle Luna, dit-il.
– Legout, vous *êtes en service*, s'écrie la commissaire Durètre. La demoiselle est un *témoin* ! »

Le lieutenant s'écarte, un peu gêné.
« Savez-vous où est ce Monsieur Martin, Mademoiselle ? demande-t-il.
– A midi, répond-elle, normalement, il est dans le Salon Mistinguett avec son *équipe* de serveurs.
– Merci bien, Mademoiselle, dit la commissaire. Vous pouvez *rejoindre* les autres, maintenant. »

Chapitre 3 : Infidélités

« Bon, dit la commissaire Durètre. Nous avons un nouveau *suspect*. Un *amant* qui tue sa *maîtresse* parce qu'elle fait pression et menace son *couple* officiel, c'est *fréquent*, non ?
– Eh bien, répond le lieutenant après un court instant, je crois qu'un homme qui a une relation avec une jeune femme *ravissante* comme

Mimi La Jolie n'est pas capable de l'assassiner.
– Mais Lieutenant, vous avez une *fiancée* ?
– Euh, non, Commissaire.
– Non, bien sûr. Mais à propos, ce n'est pas une raison pour approcher les danseuses de trop près. Suis-je claire ?
– Très claire, Commissaire, répond le lieutenant.
– Très bien, alors oublions cela et allons *interroger* le *maître d'hôtel*. »

Monsieur Martin est *effectivement* dans le Salon Mistinguett. La commissaire prend la parole :
« Bonjour Monsieur. Vous êtes bien Monsieur Martin, le *maître d'hôtel* ?
– Lui-même, dit-il d'une voix triste.
– Pouvons-nous vous *interrompre* quelques instants et vous poser quelques questions ?
– Mais certainement. »

Il a les yeux rouges et *gonflés*. Il *a l'air* très choqué.
« Le pauvre, dit le lieutenant à voix basse.
– Silence, Legout, dit la commissaire. Voilà, Monsieur Martin, *nous sommes désolés* de vous *déranger* dans ces circonstances, mais nous faisons notre travail. »

Elle lui montre le petit mot de rendez-vous.
« Qu'est-ce que c'est ?
– Je ne sais pas, répond le *maître d'hôtel*.
– Vous ne savez pas ?
– Absolument pas !
– Il est adressé à Mimi. Et on dit que vous… que vous et la *victime*… enfin, que vous connaissez bien la victime. »

Übung 7: Stellen Sie die Frage mit einer Inversion und mit ***est-ce que****!*

1. Je suis claire.

Est-ce que je suis claire ?

Suis-je claire ?

2. Vous avez une fiancée.

____

____

3. Vous êtes Monsieur Martin.

____

____

4. Nous pouvons vous interrompre.

____

____

5. Elle sait autre chose.

____

____

6. Vous savez où est Monsieur Martin.

____

____

L'homme est pâle. Il respire avec peine.
« C'est vrai, Mimi et moi sommes, ou plutôt étions *amants*, dit-il

d'une voix tremblante. Mais je n'ai pas écrit ce mot. De plus, hier soir, je suis rentré chez moi directement après le dîner avec ma femme. Elle a exceptionnellement assisté à la revue. Vous pouvez le lui demander.
– D'accord, nous allons *vérifier* votre alibi, dit la commissaire calmement.
– Mais je vous en prie, ne parlez pas de ma liaison avec Mimi. Ma femme n'*est* pas *au courant* ! »
Les deux policiers s'éloignent. Legout *hausse les épaules*.
« Ah, les histoires de *couples* ! » dit-il.

La commissaire Durètre et le lieutenant Legout sortent du Moulin Rouge et marchent en direction de la voiture. Il fait beau. Dans les restaurants, les clients prennent leur déjeuner en terrasse.
Legout *aperçoit* un homme *assis en train de* manger une entrecôte et une grosse portion de frites.
« Une petite pause déjeuner, Commissaire ?
– Manger ! Mais Lieutenant, s'exclame la commissaire, franchement, est-ce que nous n'avons pas mieux à faire ? »

Le lieutenant monte dans la voiture sans rien dire. Il attache sa *ceinture de sécurité*. La commissaire *démarre*.
« Les Martin habitent près de l'aéroport d'Orly. Nous prenons le *périphérique* », dit-elle.
Sur le *périphérique*, il y a des *embouteillages*. Comme le lieutenant est toujours silencieux, la commissaire allume la radio. Il est treize heures. C'est justement l'heure des informations.
« Meurtre au Moulin Rouge », annonce le présentateur.
La commissaire fronce les sourcils. Elle est visiblement *contrariée* :
« Et voilà, ça y est, Legout ! La *nouvelle* est connue. Ah, ces

journalistes, ils savent toujours tout. Qui les a *mis au courant* ? »

Legout pense à la femme aux cheveux noirs. A-t-il été trop *bavard* ? Il ne dit rien.
Après trois quarts d'heures de route, ils arrivent enfin *au domicile* des Martin. Au même moment, un homme sort par la porte du jardin. Il est grand et musclé. Il a les cheveux très courts, une grosse tête d'*aigle* tatouée sur le bras et un *pansement* au milieu du *front*.
Madame Martin est dehors, debout devant sa maison.
« Bonjour, Madame. Vous êtes Madame Martin ?
– Oui, c'est moi. Qui êtes-vous ?
– Je me présente : Commissaire Durètre. Et voici le Lieutenant Legout. Pouvons-nous entrer ?
– Bien sûr, suivez-moi. »

Ils entrent. Ils prennent place sur le *canapé*.
« Vous désirez boire quelque chose ? demande-t-elle poliment.
– Pourquoi pas, dit le lieutenant.
– Non merci, Madame, c'est très aimable mais nous n'avons pas le temps. Nous enquêtons dans le cadre d'une grosse affaire, une affaire de meurtre.
– Oh mon Dieu, s'écrie la dame.
– Pouvez-vous nous dire où vous étiez cette nuit, vers une heure du matin ?
– Mais, vous me *soupçonnez* ?
– Non, ne *vous inquiétez* pas. Alors ?
– J'étais au Moulin Rouge. Mon mari travaille là-bas, il est *maître d'hôtel*. Il a fini son service et nous sommes rentrés ensemble à la maison.
– Vous en êtes sûre ?
– Mais oui, bien sûr !

– Comment êtes-vous rentrés ?
– En taxi. Tous les deux, *assis* sur la *banquette arrière* d'une grosse voiture, sous les *illuminations* de Paris, c'était très romantique.
– J'*imagine* », dit la commissaire.

ÜBUNG 8

Übung 8: Lesen Sie weiter und ersetzen Sie die Nebensätze in Klammern durch ein Gérondif!

La femme du *maître d'hôtel* cherche quelque chose dans son sac à main.

« Tenez, dit-elle (1. et elle donne un ticket à la commissaire) *en donnant un ticket à la commissaire.*

– Merci Madame. Bien, nous ne voulons pas vous *déranger* plus longtemps, dit la commissaire (2. et elle *se dirige* en direction de la porte) ______________________________.

– N'hésitez pas à revenir si vous avez d'autres questions. »

Le lieutenant s'arrête devant une table car il remarque une trousse à *pharmacie*. La commissaire s'impatiente :

« Alors, vous venez, Legout, oui ou non ?

– Est-ce que quelqu'un est malade ? demande-t-il.

– Oh non, répond la dame. Ce n'est presque rien. Un voisin est venu chez moi tout à l'heure et il s'est blessé (3. quand il m'a aidée à porter des cartons très lourds) ____________________________.

Alors j'ai nettoyé sa plaie, c'est tout. Je travaille dans une *pharmacie*, alors j'ai toujours du matériel à la maison.

– Votre voisin, c'est l'homme que nous avons croisé (4. quand nous sommes arrivés) ______________________________ ?

– Oui, c'est ça », dit-elle (5. et elle rougit un peu) _______ ______________________________.

La commissaire et le lieutenant prennent congé et s'en vont. Une fois dans la voiture, le lieutenant demande :
« Vous pensez que Madame Martin *protège* son mari, Commissaire ? Ou est-ce qu'elle est sa *complice* ?
– Je ne sais pas, Legout. *En tout cas*, l'histoire du voisin qui vient aider à porter des cartons est un peu *louche*. Décidément, les Martin ont une conception bizarre du mariage.
– Ah, les histoires de *couples*… »

Chapitre 4 : Double meurtre

Les deux policiers montent dans la voiture.
« Direction le Moulin Rouge ? demande le lieutenant.
– Oui, mais auparavant, nous faisons un petit *détour* vers le nord de Paris pour rendre visite au *médecin légiste*. »
Quarante minutes plus tard, ils entrent dans le centre d'analyses de la police parisienne. Le *médecin légiste* les entend arriver :
« Tiens, Commissaire ! J'ai justement du nouveau pour vous.
– Vous avez les résultats de l'autopsie ? demande le lieutenant.
– Non, je n'ai pas les résultats de l'autopsie ! Mais j'ai déjà quelque

chose d'intéressant. J'ai analysé les *traces* sombres sur les *lèvres* de la morte : c'est du chocolat ! »

Les yeux des policiers brillent.

« Formidable ! s'exclame le lieutenant.

– Alors cela signifie qu'il y a peut-être des *indices* précieux sur ce *bol* et cette petite cuillère. »

La commissaire Durètre pose le sac en plastique qui contient les deux *pièces à conviction* sur une table.

« Pouvez-vous analyser cela rapidement, s'il vous plaît ?

– Je n'ai pas le choix, je crois, dit le médecin en souriant.

– Merci », dit-elle en partant.

Dans la voiture, le lieutenant dit qu'ils ne sont pas très loin de la Porte de Clignancourt, là où habite le veilleur de nuit.

« C'est une très bonne remarque, Legout. Allons frapper à sa porte. »

Mais encore une fois, le veilleur de nuit ne répond pas.

« Il n'est toujours pas chez lui, dit la commissaire.

– C'est bizarre. »

ÜBUNG 9 !

Übung 9: Verneinen Sie folgende Sätze!

1. Le médecin travaille rapidement.

____

2. Les policiers attendent les résultats.

____

3. Il faut être pressé.

____

4. Nous avons de la chance : il fait beau.

5. Legout a le temps de prendre son déjeuner.

6. Le veilleur de nuit est chez lui.

Les policiers décident de retourner au Moulin Rouge.
A leur arrivée, il y a plus de trente personnes devant l'entrée du Moulin Rouge. Ils ont des micros et des appareils photos perfectionnés.
« Ce sont des journalistes, dit la commissaire Durètre. Ils espèrent tous faire la première page des journaux avec un *scoop*. Legout, faites attention : ne donnez aucune information !
– Aucune, Commissaire », *répète*-t-il.

Les deux policiers passent au milieu des journalistes.
« Police ! Laissez passer ! » crie la commissaire.
Soudain au milieu de la foule, le lieutenant reconnaît la femme aux yeux bleus et aux cheveux noirs. C'est donc cela : c'est une journaliste. Elle n'a pas de frère qui travaille au Moulin Rouge. Legout est *déçu*. Elle *lui a menti*. Comme elle le voit, elle lui fait un grand sourire :
« Commissaire, dit-elle, vous êtes si gentil, faites-moi entrer à l'intérieur, s'il vous plait. »
Le lieutenant fait non de la tête. On ne se moque pas deux fois du lieutenant Legout ! La femme lui lance alors un regard *méchant*.
« Un problème, Lieutenant ? demande la commissaire.
– Non, tout va bien, Commissaire. »

Une fois à l'intérieur du cabaret, la commissaire et le lieutenant font le bilan de l'*enquête*.

« Bon, dit la commissaire, notre malheureuse danseuse a mangé de la mousse au chocolat empoisonnée. *Du moins*, c'est une possibilité.

– Oui, dit le lieutenant, cela veut dire que l'empoisonneur sait que Mimi aime la mousse au chocolat et qu'elle en mange régulièrement le soir dans la cuisine du Moulin Rouge.

– Absolument. Le *meurtrier* ou la *meurtrière* travaille au Moulin Rouge et connaît bien Mimi La Jolie. C'est peut-être Monsieur Martin…

– Il a un alibi. C'est peut-être Luna Bruna…

– C'est vrai, mais il ne faut pas oublier le veilleur de nuit. Je suppose qu'il connaît le *penchant* de Mimi pour le chocolat. De plus, on ne l'a pas vu depuis la mort de Mimi.

– Et le jeune commis ? Après tout, c'est lui qui a parlé de la mousse au chocolat. Retournons vite dans les cuisines, dit Legout, il n'y a pas une minute à perdre ! »

Et il *se met à* courir. La commissaire Durètre se demande pourquoi le lieutenant est si enthousiaste.

Il est maintenant 17 heures. L'*équipe* des cuisiniers du Moulin Rouge est là, occupée à préparer le dîner. Les uns épluchent des légumes, les autres préparent des sauces… ou de la *crème fouettée*. De bonnes odeurs s'échappent de toutes les casseroles. Les yeux du lieutenant brillent comme jamais. Le chef cuisinier surveille, *goûte* et fait des commentaires :

« Cette *crème fouettée* n'est pas assez onctueuse et elle est trop sucrée. Recommence !

– Mais c'est la troisième fois…

– Tant pis pour toi. C'est la réputation du restaurant du Moulin Rouge qui est en jeu. »

Übung 10: Ergänzen Sie mit Ordnungszahlen!

1. Juillet est le ____________ mois de l'année.

2. Depuis le ____________ janvier 2001, nous sommes au ______________ siècle.

3. Cet homme a déjà divorcé trois fois : il se marie aujourd'hui pour la ______________ fois !

4. Ils ont quatre enfants et ils en veulent un ____________.

5. L'équipe qui perd la finale est à la ____________ place.

Un des *employés* explique au lieutenant que le chef cuisinier a composé un menu spécial pour le chef d'*Etat* étranger et tous les *invités*.

« On peut connaître le menu ? demande Legout.
– Si c'est important pour l'*enquête*… » répond le chef.
Legout hésite. Le chef sourit.
« Je vous le dis, mais c'est un *secret*, d'accord ?
– Promis ! répond le lieutenant.
– Alors, pour commencer, il y a des *canapés* au caviar, des bouchées au saumon fumé et des huîtres chaudes gratinées au champagne.
– Mmm, quelles entrées délicieuses, dit Legout.
– Ah non, ce sont seulement les *amuse-gueules* de l'apéritif ! En entrée, il y a un consommé de *volaille* au safran. Ensuite, il y a une *tourte* à la langouste.
– Du bon fromage, je suppose ?
– Pas si vite ! Vous oubliez le plat principal.
– Pardon ! Qu'est-ce que c'est ?

– Un rôti de bœuf en *croûte feuilletée* au *foie gras* et aux girolles, petits légumes en accompagnement. Bien sûr, *plateau* de fromage et assortiment de gâteaux pour le dessert.
– Et les boissons ?
– Les plus grands vins… mais ça, c'est l'affaire du *sommelier*. »

Le lieutenant est tout excité. C'est tellement appétissant. La commissaire Durètre commence à comprendre pourquoi il était si pressé de venir dans les cuisines.
« Legout, toutes ces personnes ont du travail… et nous aussi ! Nous *devons* absolument trouver le veilleur de nuit et l'*interroger*. Retournez chez lui ! »
Le lieutenant n'est pas très motivé. Le veilleur de nuit n'habite pas à côté !
« J'ai une idée, dit-il. Il a sûrement un *portable*. Tout le monde a un *portable*, aujourd'hui.
– Vous avez raison, Legout. Allez tout de suite demander son numéro à la secrétaire du directeur. Je vous attends ici. »
Le lieutenant *obéit*. Il se dit que la commissaire l'éloigne *volontairement* de la cuisine et de la nourriture.
« Elle n'a vraiment pas de cœur, dit-il tout haut. Et moi j'ai vraiment faim ! »

Dans la cuisine, la commissaire Durètre s'avance lentement vers le chef cuisinier. Il *a l'air* un peu énervé. Il est en colère après un *employé*.
« Pascal, crie-t-il, ça ne va pas ! Tu fais vraiment des *bêtises* ! »
Il montre un jeune homme à la commissaire.
« Il ne sait rien faire, sauf la mousse au chocolat ! »
Le jeune homme est justement le commis qui a *découvert* le corps de la danseuse dans la *chambre froide*.

« La mousse au chocolat ! » s'écrie la commissaire.
Elle *s'approche du* commis.
« Pascal, dit-elle. Je peux vous appeler Pascal ?
– Oui, Madame.
– Pascal, je veux parler encore un peu avec vous, vous êtes d'accord ?
– Avec moi ? Mais pourquoi ? Je suis *innocent* !
– Il se justifie tout de suite, c'est *louche*, pense-t-elle. S'il vous plaît, Pascal, parlez-moi de vos relations avec Mimi La Jolie. »
Le commis baisse la tête.
« Je trouvais Mimi très belle, comme beaucoup d'hommes ici. Je l'ai *invitée* à dîner un jour, mais elle a refusé…
– Je vois. Et où étiez-vous cette nuit-là, vers une heure du matin ?
– Chez moi, Madame.
– Quelqu'un peut le confirmer ?
– Non, Madame. Je vis seul. »
La commissaire réfléchit un moment.
« Un crime passionnel, c'est *fréquent* », se dit-elle.

A ce moment, le lieutenant revient.
« Voilà le numéro !
– Parfait, Legout. Donnez-le moi.
– Zéro six, trente-sept, quatre-vingts, soixante-treize, vingt-neuf. »

Übung 11: Schreiben Sie die Uhrzeiten aus!

1. 8 :15 *Il est huit heures quinze./Il est huit heures et quart.*

2. 10 :20 ______________________________

3. 7 :42 ______________________________

4. 9 :30 ____

5. 13 :18 ____

La commissaire compose le numéro sur le *clavier* de son téléphone mobile. Quelques secondes plus tard, quelqu'un s'écrie :
« J'entends une *sonnerie* ! Elle vient du *local à poubelles* ! »
Tout le monde se précipite en direction du local. *Effectivement*, il y a un téléphone qui sonne dans le *vide-ordures*.
« Et si vous *raccrochez*, Commissaire ? » suggère le chef cuisinier.
Elle appuie sur la touche rouge, à droite sur le *clavier*. Aussitôt, la *sonnerie* s'arrête.
« Il n'y a pas de doute possible. C'est le *portable* du veilleur de nuit.
– En effet, Legout. Allez le chercher !
– Moi ?
– Évidemment, vous ! »

Il trouve que la commissaire *exagère*, mais il sait aussi que ça ne sert à rien de protester. Il *escalade* la grosse poubelle et que voit-il dedans ?
« Un *cadavre* ! » hurle-t-il.

Un quart d'heure plus tard, les *pompiers* et le *médecin légiste* sont là, pour la deuxième fois en une seule journée. Le *cadavre* est allongé par terre. C'est un homme d'âge mûr. Il porte un uniforme de service du Moulin Rouge. Il *sent* très mauvais.
« Quelle odeur insupportable », dit le lieutenant.

Il sort et va dans la cuisine. Sur une table, il *aperçoit* une grande assiette *d'amuse-gueules*. Il est seul. Personne ne le voit. Alors très vite, il prend une petite *tartine* au saumon fumé et il la mange.

C'est très bon. Il prend une deuxième *tartine* au saumon. C'est vraiment délicieux. Comme il n'y a toujours personne dans la cuisine, il prend une troisième *tartine*… avec du caviar, cette fois. A ce moment-là, la commissaire l'appelle. Il met alors la *tartine* dans sa bouche et il retourne vers les autres. La commissaire demande qui est la *victime*.

« C'est notre veilleur de nuit, dit le directeur.
– Ah, le voilà enfin ! s'écrie le lieutenant, la bouche encore pleine.
– Deux morts dans la même journée, c'est vraiment beaucoup.
– C'est terrible !
– Il a de grosses marques violettes autour du cou, dit le *médecin légiste*. Apparemment, il a été *étranglé*.
– Les deux meurtres sont liés, très probablement.
– Très probablement », *répète* la commissaire.

Le jeune commis est debout au fond de la pièce. Elle le regarde. Il ne dit rien. Il est tout pâle. Il est très *mince*, presque maigre, et pas grand du tout.
« Il faut déjà être fort pour porter une femme *inanimée* sur plusieurs mètres, mais il faut être vraiment très fort pour *étrangler* un homme à mains nues et le jeter dans un *vide-ordures* si haut, dit-elle.
– Regardez, dit le médecin, la *victime* a de la peau et du *sang* sous les ongles. Il s'est sûrement *battu* avec son *agresseur*.
– Monsieur le Directeur, qui a la force de tuer un homme et de le porter à la force de ses bras, dans votre cabaret ?
– Je réfléchis, euh… Les agents de sécurité sont forts et musclés…
– Pouvons-nous les voir ?
– Bien sûr. Ils sont certainement au vestiaire, à l'heure qu'il est. Je vous y conduis. Suivez-moi ! »

Les policiers suivent le directeur. Ils arrivent dans une petite salle pleine de *casiers*. Six hommes sont là, en sous-vêtements. Ils *sont en train de* se changer. Ils sont tous très grands, et ils ont de beaux muscles. La commissaire est un peu gênée.

« Excusez-moi, Messieurs, *je suis désolée*. Nous sommes là pour notre *enquête*…

– Ce n'est rien, Madame, dit un des hommes. Que pouvons-nous faire pour vous ? »

ÜBUNG 12

Übung 12: Tragen Sie die passende Form von ***avoir*** *oder* ***être*** *im Präsens ein!*

1. Nous __________ en retard. Nous n'__________ pas le temps de manger.
2. Je __________ sûre que vous __________ raison.
3. Le commis __________ dix-huit ans : il __________ encore très jeune.
4. Vous __________ plus ponctuels que vos collègues : ils ne __________ jamais à l'heure.
5. Il y __________ longtemps que tu __________ arrivé ?
6. Le lieutenant n' __________ pas très motivé. Il __________ faim.

En disant ces mots, l'homme retire son t-shirt. La commissaire détourne son regard.

– Ouah, s'exclame le lieutenant. Quel beau *tatouage* vous avez sur le torse !
– Merci ! Mais le *tatouage* de l'*éclairagiste* est plus beau. Il a une tête d'*aigle* sur le biceps.
– Une tête d'*aigle*, dites-vous ? dit la commissaire.
– Oui, elle est énorme. Et très bien faite. Je crois que j'ai une photo, si cela vous intéresse…
– *Effectivement*, ça m'intéresse beaucoup ! »

L'agent de sécurité prend sa clé et ouvre son *casier*. Il y a plusieurs photos accrochées à l'intérieur. Il en prend une.
« La voilà. Regardez : le dessin est parfait. Et la couleur est magnifique ! »
La commissaire observe le *tatouage*, mais elle se concentre surtout sur l'homme de la photographie : c'est un homme grand et musclé. Ses cheveux sont presque rasés tellement ils sont courts.
« En effet, c'est très beau, dit-elle. C'est votre collègue *éclairagiste*, n'est-ce pas ?
– Oui. Cela vous plaît ?
– Beaucoup, je vous remercie.
– Je vous donne l'adresse du tatoueur, si vous voulez…
– Non merci, ce *n'est pas la peine*. Merci encore Messieurs. Au revoir. »

La commissaire s'en va. Le lieutenant la suit. Il *a l'air* étonné.
« Vous vous intéressez aux *tatouages*, Commissaire ?
– Bien sûr que non ! C'est le propriétaire du *tatouage* qui m'intéresse. Vous avez remarqué qui c'est, l'*éclairagiste* ?
– J'avoue que non…
– C'est le voisin de Madame Martin !
– Ah bon, comme c'est étrange. Le voisin de Madame Martin est

éclairagiste au Moulin Rouge… et elle ne nous a rien dit. Pourquoi le cacher ?

– Mais Legout, vous ne comprenez donc pas ? Ce n'est pas son voisin. Ce matin, ce monsieur n'était certainement pas chez Madame Martin pour l'aider à porter des cartons.

– Mais il s'est blessé. Nous avons vu son *pansement*.

– Oui, il s'est blessé, mais peut-être pas avec des cartons. Rappelez-vous le *sang* et la peau sous les ongles du veilleur de nuit…

– Vous voulez dire que l'*éclairagiste* est l'assassin ?

– C'est seulement une supposition. Madame Martin nous cache quelque chose. Trouvons quoi ! »

Les deux policiers *se mettent à* courir dans les couloirs du Moulin Rouge. Ils arrivent dans le *bureau* du directeur. Il est là avec sa secrétaire et le *maître d'hôtel*, Monsieur Martin.

« Alors, Commissaire, vous avez du nouveau ?

– Peut-être… Dites-moi, que savez-vous de votre *éclairagiste*, l'homme au *tatouage* ?

– Peu de chose, à vrai dire, dit le directeur. C'est un homme discret. Martin, vous savez quelque chose ?

– Eh bien, je sais qu'il a proposé plusieurs fois à Mimi de sortir avec lui. Mais elle a toujours refusé.

– Où peut-on le trouver ?

– Il *doit* être ici, au cabaret. Il travaille ce soir. Chantal, allez le chercher, s'il vous plaît ! »

La secrétaire sort du *bureau*. Quelques minutes plus tard, elle revient, seule.

« Et l'*éclairagiste* ?

– Il est introuvable, répond la secrétaire.

– Dans ce cas-là, donnez-nous son adresse. Nous allons le chercher chez lui. Allons-y, Legout ! » dit la commissaire.

Übung 13: Ergänzen Sie die Sätze mit der Befehlsform der Verben in Klammern!

Monsieur le Directeur, (1. entrer) __________, je vous en prie.

(2. manger) ____________ ta soupe, si tu veux devenir grand et fort comme ton père !

Il est tard, nous sommes tous fatigués : (3. aller) _________ dormir.

(4. Ne pas oublier) ______________ ton rendez-vous chez le médecin !

(5. tourner) ______________ à droite, puis à gauche et vous êtes arrivés !

Il n'y a pas une minute à perdre, Monsieur ! (6. analyser) _________ cela rapidement !

Il est 18 heures 30. C'est la fin du week-end et il y a du monde sur les routes. La commissaire s'impatiente. Elle allume la sirène.
« Legout, mettez le *gyrophare* sur le toit de la voiture. Et attachez bien votre *ceinture* ! »
La commissaire accélère. Elle dépasse toutes les voitures. L'*éclairagiste* habite près du Stade de France.
« Vous avez raison, Commissaire. L'*éclairagiste* n'habite pas du tout à côté des Martin. »
*Au bout d'*une demi-heure, ils arrivent enfin à destination.
« Regardez, Legout. Il est là, au coin de la rue ! »

Tout à coup, l'*éclairagiste aperçoit* les policiers et il s'enfuit dans une petite rue *étroite*.

« Cette fois, c'est sûr, dit la commissaire, c'est le *coupable* ! »
La commissaire et le lieutenant sortent de la voiture et *se mettent à* courir. L'assassin court vite. Mais Legout aussi. Il le rattrape et se jette sur lui.
« Bravo, Legout ! Bien joué ! s'écrie la commissaire en sortant les *menottes*.
– Je ne suis pas tout seul, hurle le *coupable*. C'est elle ! Elle a tout préparé ! »

Il est maintenant 21 heures 15. La commissaire et le lieutenant quittent le commissariat et marchent sur le trottoir.
« Bon, dit la commissaire, l'*éclairagiste* et Madame Martin sont dans une *cellule* pour la nuit. Maintenant, c'est au juge de faire son travail. Nous pouvons rentrer à la maison.
– Quelle histoire ! répond le lieutenant. Deux meurtres et deux *coupables complices*...
– Oui, on a d'un côté une liaison illégitime, et de l'autre une épouse *trompée* et un homme *désespéré*. Les deux sont jaloux et ils veulent se venger. La femme paie l'homme et lui donne du poison pour qu'il tue la *maîtresse* de son mari. Mais tout ne se passe pas comme prévu. Quelqu'un voit le crime. Alors il faut le tuer aussi. C'est classique, finalement...
– Commissaire, vous trouvez toujours les *coupables* !
– Avec votre aide, Lieutenant !
– Quelle journée... »

Il baille.
« Vous êtes fatigué, Legout ?
– Un petit peu.
– Alors vous n'avez pas faim ?
– Oh, si ! J'ai toujours faim, vous savez ! »

La commissaire s'arrête devant un restaurant. Elle lit la carte à voix haute.
« Saumon, *foie gras*, fruits de mer, escargots, magret de canard, steak tartare, crème brûlée, tarte Tatin… Cela vous plaît-il ?
– Oui, mais…
– Alors je vous *invite* », dit-elle avec un grand sourire.

Le lieutenant regarde la commissaire avec des yeux étonnés.
« Allez, entrez, dit-elle. Mais *je suis désolée* : il n'y a ni caviar, ni danseuses ! »

ANNIE À LA MER

Rosemary Luksch

Chapitre 1 : L'hôtel Les Mouettes

Il y a deux jours, Annie a brusquement eu envie de revoir la mer et de marcher dans le sable fin. Annie Deschamps est une femme de cinquante ans, toujours accompagnée de Chef, un grand chien de race briarde qui se trouve en ce moment à l'arrière de la vieille Renault. Avant de partir, elle a téléphoné à plusieurs hôtels de Calais et des alentours mais les Français aiment bien profiter du week-end du quinze août et tous étaient complets. De plus, la plupart des hôteliers ne voulaient même pas entendre parler du chien. Finalement Annie a trouvé une chambre dans un hôtel une étoile à Blériot Plage, au bord de la mer.

Après trois heures de route, ils arrivent enfin à Calais et Annie dit à son chien :

« Regarde, Chef ! La mer, les vagues, les dunes… Tu vas voir… c'est merveilleux ! »

Chef comprend tout, c'est pourquoi Annie lui parle comme à une vraie personne. Certains disent qu'elle parle toute seule comme une vieille femme, mais ce que les autres pensent ne l'intéresse pas.

Cela fait des années qu'elle n'est pas venue sur la côte. Chef, lui, ne connaît pas encore la mer. Il a le *museau* au vent et *découvre* les bonnes odeurs par la *vitre* ouverte.

Annie se demande :

« Première chose : où se trouve notre hôtel ? »

La route nationale traverse la petite ville côtière sur toute sa longueur.

Elle se souvient des mots de l'hôtelière :

« L'hôtel est à deux pas de la plage, donc il *doit* se trouver sur la droite ! » *conclut*-elle.
À chaque croisement, Annie jette un coup d'œil vers la droite en espérant y *découvrir* l'*enseigne* « Hôtel Les *Mouettes* ».
Mais voilà qu'elle sort à nouveau de la ville sans l'avoir trouvée.
Elle décide alors de se renseigner.
Elle s'arrête à la hauteur d'un homme qui porte un sac de plage et tient un petit garçon par la main et elle lui demande :
« Monsieur, s'il vous plaît. L'hôtel Les *Mouettes*, vous connaissez ?
– Mais oui. Vous êtes passée devant. C'est dans le centre, juste avant la place du marché. Continuez jusqu'au *rond-point* pour repartir dans la direction opposée ! »
Elle le remercie et suit son conseil.

Übung 1: Wie lauten die folgenden Fragen? Finden Sie das richtige Interrogativpronomen!

ÜBUNG 1 !

1. Wo? __________ se trouve l'hôtel Les Mouettes?

2. Wie? __________ trouvez-vous la région ?

3. Warum? __________ y a-t-il autant de monde ?

4. Wann? __________ désirez-vous venir ?

5. Was? __________ souhaitez-vous ?

6. Wer? __________ vous a renseigné ?

Cette fois-ci, elle roule très lentement pour ne pas manquer l'*enseigne*. Derrière elle, les autres conducteurs s'énervent mais tant pis ! Ils attendront bien un peu.
« Ah ! Le voilà ! Hôtel Restaurant Les *Mouettes* », lit-elle.

L'hôtel ne se trouve pas à deux pas de la plage comme la dame l'avait dit au téléphone mais au bord de la route nationale.
Annie secoue la tête et s'exclame :
« Quelle circulation ! Pour trouver à se *garer* ici, ça ne va pas être facile ! »
Finalement, elle s'arrête juste devant l'entrée, en stationnement interdit. Elle descend vite de voiture et entre dans le café de l'hôtel. Il n'y a aucun client. Personne n'est là pour la renseigner. Elle entend des bruits de casseroles et *se dirige vers* ce qu'elle suppose être la cuisine.
Elle appelle :
« Ouh ouh ! Il y a quelqu'un ? »
Une grosse femme brune très maquillée arrive en s'essuyant les mains avec un *torchon*.
« Oui. Qu'est-ce que vous voulez ?
Son ton est peu aimable mais Annie ne montre pas sa surprise.
Elle se présente avant de poser sa question :
– Bonjour madame. Je suis Annie Deschamps. J'ai réservé une chambre pour le week-end. Est-ce que votre hôtel dispose d'un parking privé ?
– Ah non. Il n'y a pas de parking ici. Mais vous trouverez bien une place dans la rue. Il suffit de chercher un peu !
Annie est un peu *déçue* par cet accueil plutôt froid.
Elle dit simplement :
– Ah !… Bon, d'accord. Je vais voir ! »
Elle sort et remonte en voiture.
« Dommage ! regrette Annie. L'hôtel est en plein centre-ville et il faut traverser la route nationale pour aller à la plage ! Je ne m'attendais pas à ça mais tant pis. Il est trop tard pour chercher autre chose. »
Elle regarde Chef dans le *rétroviseur* qui est *déçu* car il préfèrerait

sortir immédiatement de la Renault. Brusquement elle *se met à* rire.
Elle dit :
« En choisissant un hôtel à une étoile, on ne s'attend pas à quelque chose de luxueux. Mais là ! L'accueil ne mérite même pas une étoile ! »
Elle roule lentement jusqu'à la place du marché, fait demi-tour puis repart dans l'autre sens. Juste en face de l'hôtel, une voiture sort de la file de stationnement, lui faisant de la place. Elle réagit immédiatement, *met son clignotant* et la voilà *garée*.
« Ouf, dit-elle. Quelle chance quand même ! »
Annie et Chef retrouvent l'hôtelière à la *réception*.
Celle-ci *sursaute* en voyant le grand chien et dit :
« Oh ! Il est vraiment gros. Je le croyais plus petit que ça !
Annie répond ironiquement :
– Je vous avais dit au téléphone que j'avais un Briard. Les Briards sont toujours gros !
– En effet, vous m'aviez prévenue, mais quand même… Elle hésite un instant puis prend la clef au tableau derrière elle. Vous avez la chambre 104, elle se trouve au premier étage. »
Elle passe devant et *invite* Annie à la suivre dans l'escalier de bois.

Übung 2: Wie lauten die folgenden Sätze? Kreuzen Sie die richtige Variante an!

ÜBUNG 2 !

1. Chef est le chien … accompagne toujours Annie.
☐ qui ☐ que ☐ qu' ☐ où ☐ dont

2. Blériot Plage est l'endroit … elle a décidé de passer le 15 août.
☐ qui ☐ que ☐ qu' ☐ où ☐ dont

3. L'hôtel … elle croyait au bord de la plage, se trouve en ville.
☐ qui ☐ que ☐ qu' ☐ où ☐ dont

4. L'hôtelière … elle nous parle, n'est pas très sympathique.
☐ qui ☐ que ☐ qu' ☐ où ☐ dont

5. L'hôtel Les Mouettes est le seul … ait accepté le chien.
☐ qui ☐ que ☐ qu' ☐ où ☐ dont

L'hôtelière lance à nouveau un regard *soupçonneux* à Chef.
Elle dit :
« Voilà votre chambre. Elle est toute simple mais c'est la seule qui n'ait ni *moquette*, ni tapis… euh… à cause du chien. »
Annie *sent* que l'hôtelière regrette de *devoir* leur louer une chambre mais pour sa part, elle est bien décidée à rester polie malgré tout.
Pour la *rassurer*, elle dit :
« Chef est très gentil, vous verrez. Il n'*aboie* pratiquement jamais.
L'hôtelière n'est pas du tout convaincue.
– Si vous le dites ! fait-elle, puis elle ajoute : La douche est dans la chambre. Les toilettes sont *au bout du* couloir. »
Chef se couche au milieu de la chambre, le *museau* posé sur ses pattes de devant et *soupire* d'ennui.
L'hôtelière ordonne soudain :
« Et puis vous ne mangerez pas dans le restaurant mais dans le café pour ne pas gêner les autres clients ! »
Toujours calmement, Annie lui rappelle :
« Oui bien sûr. Nous en avions parlé au téléphone.
La femme *hoche la tête*.
– Bon, je vous laisse ! »
Annie est heureuse de pouvoir enfin fermer la porte derrière elle.

Jusqu'à la dernière minute, elle a craint que l'hôtelière ne change d'avis et les mette dehors, elle et son chien. Elle s'assied sur le bord du lit et caresse la tête de Chef.
« Et bien ! C'est un vrai dragon, cette hôtelière ! Pas étonnant qu'il y ait encore des chambres de libres, ici ! »
Elle *inspecte* les lieux.
« Ce n'est ni très joli, ni très propre, mais ça suffira pour quelques jours ! » dit-elle finalement.
Annie monte sa valise et s'installe. Il est assez tard mais elle n'a aucune envie de rester plus longtemps dans cet endroit gris et triste. Ils redescendent dans la rue et prennent la direction de la mer.
Annie s'écrie, toute heureuse :
« C'est *marée basse* ! Quelle chance ! On va pouvoir marcher sur la plage ! »
Aussitôt libre, le chien se précipite vers l'eau et poursuit quelques *mouettes* qui s'envolent en poussant des cris… Annie rit.
« Tu ne les auras pas, mon chien ! Tu ne sais pas *voler* ! »
Ils font une longue promenade les pieds et les pattes dans l'eau. Puis Annie regarde sa montre. Il est déjà six heures et demie. Le temps a passé à toute *allure* et elle commence à avoir faim.
Elle rappelle le chien qui court en avant et dit :
« Viens, on rentre à l'hôtel ! »
Elle décide de revenir au village en passant par les dunes où se trouvent les *blockhaus*, ces énormes masses de béton plutôt laides, qui datent de la deuxième guerre mondiale. Comme autrefois, elle *se met à escalader* la plus haute dune.
Arrivée en haut, elle souffle et déclare à Chef qui l'attend déjà :
« Ouf ! Je ne suis plus toute jeune. Mais quelle vue ! Regarde ! On voit même le port de Calais avec son *phare* ! »
Puis ils prennent le chemin *étroit* qui monte et qui descend à travers les dunes. Ils *longent* le *grillage* qui entoure le parc naturel régio-

nal. Chef court en avant, heureux d'être libre. Brusquement il revient vers elle, portant fièrement quelque chose dans sa *gueule*. Annie n'est pas contente.

« C'est vraiment dommage que les gens prennent les dunes pour des poubelles… Chef, laisse ça, c'est sale ! »

Chef laisse tomber ce qu'il vient de rapporter. Annie *s'approche* pour voir ce que c'est.

« Tiens, dit-elle, une chaussure rouge. On dirait qu'elle est toute neuve. Elle est certainement tombée d'un sac de plage… »

Elle prend la chaussure et la pose sur un des *poteaux* du *grillage*.

Chef la regarde faire avec curiosité. Il aimerait bien qu'elle lui rende son nouveau jouet.

Elle lui explique :

« Ce n'est pas un jouet, Chef mais une chaussure de fille. Je la mets là, comme ça, si quelqu'un la cherche, il la trouvera plus facilement. »

ÜBUNG 3 !

Übung 3: Welches Wort ist das „schwarze Schaf"? Unterstreichen Sie das nicht in die Reihe passende Wort!

1. port, plage, mer, dune
2. qui, que, comment, dont
3. moi, lui, je, eux, toi
4. bien, mauvais, trop, mal, beaucoup
5. voulait, veut, vu, voudrait, voudra, veuille
6. dans trois jours, le lendemain, la veille, la semaine prochaine

La salle est pleine de monde. La patronne a installé Annie et Chef entre le café et le restaurant. Annie adore immédiatement cette position stratégique. Cela lui plaît de regarder les serveurs aller et

venir entre la cuisine et le *comptoir*. Chef est sagement couché à ses pieds, sous la table. Entre-temps Annie a aussi fait la connaissance de la fille de la maison, Irène, qui est grande, *mince* et pâle, physiquement tout le contraire de sa mère. Par contre, elle a bien le même mauvais caractère. Irène passe à côté d'elle sans la regarder et ne répond pas à ses questions. Annie ne sait pas encore ce que la mère et la fille détestent le plus : les chiens ou les touristes.
Dans pratiquement tous les cafés de France, on trouve maintenant une télévision pour regarder les *matchs* de foot. C'est l'heure des informations régionales. Annie n'entend rien car il y a trop de bruit dans la salle. Mais la photo d'une jeune fille brune apparaît sur l'écran.
On peut lire :
« Céline Fargnaud, 15 ans, disparue depuis 48 heures. »
Brusquement, sur un geste de la patronne, tout le monde *se tait* et écoute.
« … au moment de sa disparition, Céline portait un jean, un t-shirt et des chaussures rouges ainsi qu'un sac à dos bleu… »
Un des hommes au *comptoir* dit :
« Si ce n'est pas malheureux quand même ! Encore une fille qui a disparu. Qui sait où on va la retrouver celle-là et dans quel *état* ! Avec tous ces fous qui se promènent en liberté ! »
Il vide son verre et le repose sur le *comptoir* d'un coup sec.
« Moi, je connais ses parents, dit un deuxième homme. Ils sont fous d'*angoisse*. Céline est une fille gentille et sans problèmes ! »
Un troisième donne également son avis :
« On ne remarque pas tout de suite quand les *adolescents* ont des problèmes. Elle a peut-être *fait une fugue*, tout simplement. Ça arrive à cet âge. »
Le deuxième n'est pas de cet avis.
« Je ne le crois pas, dit-il. Ce n'est pas du tout son genre. C'est une

fille qui sait ce qu'elle veut et qui ne cause pas *volontairement* des ennuis à ses parents. »
Leur conversation continue sur le même sujet à propos d'autres cas d'*adolescentes* disparues dans la région.

ÜBUNG 4 !

Übung 4: Lesen Sie weiter und unterstreichen Sie die acht Adjektive!

Sans dire un mot, la fille de l'hôtelière place soudain une assiette pleine devant Annie.
« Et bien, je ne mourrai pas de faim ! » se dit celle-ci en voyant la quantité énorme de pommes de terre et le filet de poisson qui remplissent l'assiette. Le tout est recouvert de sauce blanche.
Elle prend sa fourchette et *goûte* prudemment.
« Hum… ce n'est pas mauvais ! » reconnaît-elle, étonnée.
La sauce a un léger goût de citron qui accompagne bien le poisson. Elle mange de bon appétit en repensant à ce qu'elle vient d'entendre aux informations régionales.

Les mots « chaussure » et « rouge… » ne lui sortent pas de la tête. Elle réfléchit :
« Y a-t-il un *rapport* entre la chaussure rouge dans les dunes et la jeune fille disparue ? Non, c'est certainement un hasard… mais c'est quand même bizarre !… Demain j'irai voir si la chaussure est toujours sur le *poteau* ! » décide-t-elle alors.
Elle finit de manger son poisson, laissant une grande partie des pommes de terre sur l'assiette. Personne ne semble plus s'intéresser à eux. Comme elle ne s'attend pas à ce qu'on lui propose gentiment de prendre un dessert ou un café, elle quitte la table, suivie de Chef. Ils sortent dans la rue plus calme le soir que dans la jour-

née. Maintenant, Annie *ressent* la fatigue du voyage.
« Une dernière promenade jusqu'à la plage, Chef, et après, au lit ! Une bonne nuit de sommeil nous fera du bien. »
En pleine nuit, Annie *sursaute* dans son lit. Ce sont des voix qui l'ont réveillée. Chef *gronde*, couché près d'elle sur sa couverture. Elle lui pose une main sur la tête pour le calmer et l'empêcher d'*aboyer*.
« Chut, Chef. Ce n'est rien ! »
Dans le couloir elle entend des cris d'enfants, des appels, la porte des toilettes qui s'ouvre et qui se ferme plusieurs fois de suite. Elle lance un coup d'œil à son réveil. Il est une heure et demie du matin.
« Quel bruit ! murmure-t-elle. Ce n'est pas toi qui gênes les gens, Chef, mais plutôt le contraire ! »

Chapitre 2 : L'incendie

Le lendemain matin Annie a l'autorisation de prendre son petit-déjeuner dans la salle du restaurant. Quelle surprise et quel *honneur* ! En les voyant arriver, l'hôtelière a déclaré qu'il n'y avait personne le matin, qu'ils ne risquaient donc pas de *déranger*. Annie a un drôle de sourire quand elle repense aux bruits de la nuit.
« Thé ou café ? demande l'hôtelière toujours aussi sèchement.
– Café, s'il vous plaît. Noir et sans sucre. »
Le petit-déjeuner est d'une simplicité traditionnelle : baguette, beurre et confiture. Annie *se régale*.
Avant d'aller à la mer, elle décide de faire le tour de la ville. Si elle trouvait une librairie, elle achèterait un livre ou un magazine pour lire dans les dunes.
Chef la suit *à regret*.
« Après on ira à la plage ! » lui promet-elle.

ÜBUNG 5 !

Übung 5: Setzen Sie die Verben in den Plural!

1. il se réjouit : ils ____________________
2. il dit : ils ____________________
3. il prend : ils ____________________
4. il conduit : ils ____________________
5. il sait : ils ____________________
6. il peut : ils ____________________

Ils passent dans plusieurs rues aux trottoirs *étroits*.

« Tiens, cet immeuble a *brûlé* depuis peu », remarque Annie en s'arrêtant devant une façade noircie, qui n'a plus ni portes, ni fenêtres.

Se *sentant* observée, elle se retourne. Une vieille dame en robe de chambre et en *chaussons* la regarde avec curiosité, debout sur le pas de sa porte.

« Bonjour Madame. Annie s'avance vers elle. Ça ne fait pas longtemps qu'il y a eu le feu, n'est-ce pas ?

La dame *hoche la tête* d'un air triste.

« Seulement trois jours !

– On connaît la cause de l'*incendie* ?

– Ils semblent que ce sont des jeunes qui ont mis le feu.

– Ah ! Ils ont été arrêtés ?

Voyant qu'Annie s'intéresse à l'évènement, la dame raconte volontiers :

– Non. On ne sait pas qui ils sont. C'est un voisin qui a donné l'alarme à une heure du matin.

– Ah, bon. Quelle chance que votre voisin ne soit pas un couche-tôt ! remarque Annie.

– Oui. Il regarde toujours la télé tard dans la nuit, puis il fait un dernier tour avec son chien avant de dormir. Sinon, il y aurait certainement eu des *victimes*, répond la dame.
Cette histoire intéresse vraiment Annie qui adore les affaires non *élucidées* : c'est son passe-temps favori.
Elle demande encore :
– C'est aussi votre voisin qui a vu les *incendiaires* ?
– Oui, peut-être. On ne sait pas vraiment. En passant, il a vu deux jeunes qui partaient en courant. Quand il est revenu avec son chien, il a remarqué de la *fumée* sous la porte de l'immeuble. La police pense que ce sont ces jeunes qui ont mis le feu à une des boîtes aux lettres, par jeu peut-être.
– Un jeu idiot et dangereux !
– En effet. Les propriétaires des appartements étaient tous des vacanciers, continue la dame. Pour eux, les vacances se sont terminées dramatiquement.
– Le principal, c'est qu'il n'y ait pas eu de *victimes* ! remarque Annie.
– Vous avez raison. Claire Dulac a été emmenée à l'hôpital, mais ce n'était pas grave. Elle et ses parents terminent leurs vacances chez la grand-mère maintenant. Elle habite à Blériot.
– Ah bon, la grand-mère habite ici, *répète* Annie. C'est pratique.
– Oui. Dans la maison aux *volets* bleus, vous savez, au pied des dunes, à la sortie de la ville.
– Non, je ne la connais pas, je ne suis pas d'ici.
La vieille dame *hoche la tête*.
– Oui, évidemment. »
Une jeune fille disparue, un *incendie* criminel… Et cela en moins de vingt-quatre heures ! Pour Annie ce sont des vacances comme elle les aime ! L'hôtelière, sa fille et leur mauvais caractère sont presque oubliés. Elle voit que Chef s'est couché sur le trottoir et

attend patiemment qu'elle ait fini de discuter, comme à son habitude.

« Bon, dit-elle. Nous allons à la plage. Bonne journée Madame.

– Vous avez raison. Profitez du beau temps ! » dit la vieille femme.

Annie lui *fait un* petit *signe* d'adieu de la main.

Le récit de la dame a éveillé sa curiosité de détective amateur.

Elle remarque :

« Une maison aux *volets* bleus au pied des dunes… C'est certainement facile à trouver, je pense. »

Chef comprend une chose : la plage, ce n'est malheureusement pas pour tout de suite.

ÜBUNG 6 !

Übung 6: Setzen Sie die passenden Präpositionen in die Lücken ein!

(sur, dans, avant, au, en (2x))

1. Elle va __________ ville.
2. Une maison __________ pied des dunes.
3. Elle se promène __________ les rues.
4. Elle monte ses bagages dans sa chambre __________ d'aller à la plage.
5. Chef se couche __________ sa couverture.
6. Annie se réveille __________ pleine nuit.

Annie et son compagnon *à quatre pattes* reviennent vers la route nationale et les quelques magasins de la ville. Ils passent devant un petit supermarché qui possède une boulangerie donnant sur la rue.

Annie achète deux croissants : un pour elle et un pour Chef. Ils sont encore tout chauds.
« Pour tout à l'heure, dans les dunes », dit-elle au chien qui ne la quitte pas des yeux alors qu'elle les *glisse* dans son grand sac.
Puis elle *découvre* un *bureau de tabac*. Elle demande poliment au *buraliste* si elle peut entrer avec le chien.
« Pas de problème, Madame. Il ne me *dérange* pas du tout, répond celui-ci.
– Est-ce que vous avez des romans policiers de *poche* ou des magazines ?
– Oui, là dans le coin, regardez. J'ai tout un choix.
– Oh, merci. »
Elle choisit un roman puis elle revient vers le *comptoir*. Son regard tombe sur le gros titre de la première page du journal :
« Claire Dulac est sortie de l'hôpital. Les *incendiaires* courent toujours… ».
Sur la photo, la jeune fille est blonde aux yeux bleus très mignonne et a une quinzaine d'années.
Désignant le journal d'un signe de tête, Annie déclare :
« Tout à l'heure, je suis passée devant l'immeuble qui a *brûlé*. La voisine m'a dit que le feu avait pris dans une des boîtes aux lettres.
– Oui, ce sont des jeunes qui ont *fait le coup*, paraît-il, répond le *buraliste*. Ils *sont* toujours *en train de* faire des *bêtises* à cet âge-là ! »
Annie acquiesce de la tête, paie et sort.
Maintenant elle *se dirige vers* la sortie de la ville, là où les maisons se trouvent au pied des dunes. Elle *découvre* immédiatement ce qu'elle cherche.
« Regarde, Chef ! La maison aux *volets* bleus dont a parlé la vieille dame ! » s'exclame-t-elle.
La porte de la terrasse est grande ouverte, les habitants sont donc

présents. Soudain un petit chien se précipite par la porte du jardin et se poste devant Chef en *aboyant*.

« Bijou, viens ici ! crie une voix sur un ton *fâché*. Viens ici tout de suite ! »

Annie reconnaît immédiatement la jeune fille de la photo.

« Quelle chance ! pense-t-elle. Voilà Claire ! »

Claire prend son chien dans ses bras et le dispute :

« Tu es fou… dit-elle. Puis se tournant vers Annie. Excusez-moi, Madame. Quelqu'un a *dû* laisser la porte du jardin ouverte.

– Mais ce n'est rien du tout. Chef est très gentil avec les petits chiens. Il sait qu'il n'a rien à craindre d'eux.

La jeune fille *serre* Bijou contre elle en le *grondant* :

– Tu es un vilain. Tu m'as fait une de ces peurs !

– Il est mignon, votre chien. Qu'est-ce que c'est comme race ? demande Annie en tendant la main pour le caresser.

– C'est un *Bichon*. Il est gentil mais quand il voit un autre chien, il se prend pour un *fauve*.

Annie tente alors sa chance :

– Vous ne seriez pas la jeune fille du journal, par hasard ? Il me semble avoir vu votre photo ce matin sur le *comptoir* du *bureau de tabac*.

La jeune fille la regarde sans répondre. Maintenant, elle ne sourit plus.

! ÜBUNG 7

Übung 7: Setzen Sie das passende Demonstrativpronomen ***ce, cette, cet*** *oder* ***ces*** *ein!*

1. ______ hôtelière	2. ______ incendie	3. ______ lit
4. ______ journaux	5. ______ adolescente	6. ______ escalier
7. ______ plage	8. ______ appétit	9. ______ vacances

Annie comprend tout de suite la raison de la réaction de Claire et explique :
– Ne *vous inquiétez* pas, je ne suis pas journaliste mais seulement une personne un peu trop curieuse. Ce matin, je passais par hasard devant votre immeuble et j'ai parlé de l'*incendie* avec une vieille dame charmante.
Rassurée, la jeune fille retrouve son sourire et déclare :
– C'était sûrement madame Perdu. Elle est très gentille et très seule. Elle aime faire la conversation.
Annie *hoche la tête*.
– Elle m'a raconté que vous aviez *dû* aller à l'hôpital. Et plus tard, j'ai vu votre photo dans le journal.
– Les journalistes se croient plus *malins* que la police, dit Claire. Ils ne me laissent pas tranquille. Ils pensent que je connais les deux jeunes qui ont mis le feu et me poursuivent jusqu'ici. Elle ajoute : Mon Bijou serait presque mort dans l'*incendie*. Alors vous pensez ! Si je savais avec *certitude* qui a fait ça, je le dirais à la police. »
« Avec *certitude* ? pense Annie. La jeune fille aurait-elle des *soupçons* au sujet des *coupables* mais aucune *certitude* ? »
« Vous êtes la seule à avoir été à l'hôpital ? demande-t-elle alors.
– Euh… oui.
Claire hésite une seconde. Après tout, Annie n'est qu'une étrangère. Mais elle *inspire confiance*. Et le gros chien est très sympathique, lui aussi.
Alors elle *s'adosse* à la *grille* du jardin, le *Bichon* toujours dans ses bras et elle raconte son aventure :
– Quand on a crié, je me suis retrouvée sur le trottoir, en pyjama. C'est alors que j'ai entendu Bijou *aboyer* au premier étage. Je l'avais complètement oublié dans la panique ! avoue la jeune fille. Je me suis précipitée à nouveau dans l'immeuble. Ils ont tous essayé de m'arrêter, les voisins, les *pompiers*, ma mère. Mais je

leur ai échappé. Il y avait de la *fumée* partout. J'ai couru et j'ai trouvé Bijou dans le salon. J'ai voulu redescendre par l'escalier mais je ne voyais plus rien. Je suis tombée avec Bijou dans mes bras et quelqu'un nous a tirés hors de la maison. Un pompier, je pense. J'avais avalé de la *fumée*, mais sinon, nous n'avions rien.

– J'en ai la *chair de poule* rien que de vous écouter ! s'exclame Annie. Vous êtes courageuse !

Claire embrasse Bijou.

– Le plus important pour moi, c'est lui ! Mais vous pouvez *me tutoyer*, si vous voulez.

– D'accord, Claire ! Moi, c'est Annie », fait Annie en lui tendant la main.

Claire la *serre* avec un grand sourire.

! ÜBUNG 8

Übung 8: Welche Sätze sind grammatikalisch richtig? Markieren Sie mit richtig ✔ oder falsch – !

1. C'est le moins cher hôtel de la ville. ☐
2. Montez sur la plus haute dune ! ☐
3. Voilà la chambre la plus simple de l'hôtel. ☐
4. D'ici, vous aurez la plus belle vue. ☐
5. Ce sont les moins sympathiques hôtelières de la côte. ☐
6. Dans ce restaurant sont proposés les plus bons repas. ☐

Annie se rappelle soudain de ce qu'elle a entendu aux informations la *veille* au sujet de Céline. Les deux jeunes filles ont à peu près le même âge, elles se connaissent peut-être.

Elle décide de le lui demander.

« Au fait, Claire, il paraît qu'une jeune fille a disparu ?

– Céline ?

– Tu la connais ?
– Bien sûr. C'était ma meilleure amie.
– Ah ! Elle n'est plus ta meilleure amie ?
– Non, plus depuis que je sors avec son petit copain Ludovic. Elle corrige : Euh… que je sortais.
– C'est mauvais pour l'amitié de *voler* le copain d'une autre ! remarque Annie avec un sourire en coin.
– Oui, je sais. Céline ne voulait plus me voir et entre nous, elle avait bien raison ! Elle hésite une seconde puis avoue : Je crains que ce ne soit elle qui ait mis le feu à notre immeuble. »
« Ah ! se dit Annie. C'est sur Céline que portent les *soupçons* de Claire ! »
Elle demande :
« Tu crois qu'elle aurait fait ça pour se venger de toi ?
– Oui.
– C'est grave ce que tu dis là.
– Je sais. Mais sinon, pourquoi aurait-elle disparu aussitôt après l'*incendie*. Et selon les *pompiers*, c'est dans notre boîte aux lettres que le feu a pris.
Maintenant Annie sait à qui appartient la fameuse boîte aux lettres.
– Ah bon ! Bien sûr, ça change tout. On pourrait vraiment penser à une *vengeance*. Et tu n'as rien dit de tes *soupçons* à la police ?
– Non. Je ne suis sûre de rien. En fait, c'est peut-être à cause de moi que tous ces gens ont perdu leur appartement. Puis Claire prend un ton *suppliant* : Il ne faut rien dire, hein ? Céline me manque. Je veux lui pardonner et j'espère qu'elle me pardonnera, elle aussi.
– Je ne dirai rien, promet Annie. *Du moins* pas tant que nous ne savons rien de précis.
Claire *hoche* tristement *la tête*. Elle sait que si son amie a fait une grosse *bêtise*, il faudra qu'elle paie.
Annie *fait un signe* à Chef.

« Allez, on y va ! Puis se tournant à nouveau vers Claire, elle dit : Tu verras, tout va *s'arranger*. La disparition de Céline n'a peut-être rien à voir avec l'*incendie*.
– Je l'espère… murmure Claire. Normalement, elle n'est pas *rancunière*. Mais cette fois-ci, elle était vraiment amoureuse de ce Ludovic et je l'ai *déçue*. Et puis… si elle n'est pas partie à cause de l'*incendie*, alors je *m'inquiète* vraiment pour elle !
– Hum… N'allons pas *imaginer* le pire ! lui conseille Annie. Au revoir, Claire.
– Au revoir Annie. »

! ÜBUNG 9

Übung 9: Lesen Sie weiter und korrigieren Sie die neun Fehler!

Annie et Chef reprend le sentier herbeux qui *longe* les *grillage*. Cette fois-ci Annie veux aller jusqu'au bout dans la direction de Sangatte. Chef prends plaisir au promenade. De loin, Annie voient déjà le point rouge sur le *poteau*.
« Personne n'est venu *récupérer* la chaussure », pense-t-elle.
Elle la prend et la mets dans sa sac où se trouvent déjà le livre et les croissant.

1. ______ 2. ______ 3. ______

4. ______ 5. ______ 6. ______

7. ______ 8. ______ 9. ______

Le *grillage* fait brusquement place à un portail. C'est l'entrée du parc régional, une zone naturelle *protégée*.
« Les chiens *doivent* être *tenus en laisse* ! lit Annie. Alors nous, on reste dehors ! » décide-t-elle et ils prennent sur la droite. Peu de

monde passe par ce chemin, c'est pourquoi l'herbe est haute. Ils avancent bien malgré tout.

Soudain une voix forte ordonne :

« Vous *devez tenir* votre chien *en laisse* ! »

Annie *sursaute*. Elle rappelle Chef qui se trouve à quelques mètres devant elle et qui revient aussitôt. Des yeux, elle cherche le propriétaire de la voix.

Un homme en habit vert portant des *jumelles* est apparu au sommet de la dune la plus proche et s'avance vers eux. Il reste à petite distance, l'air sévère.

« Bonjour. Qui êtes-vous ? demande Annie poliment.

– Je suis un des gardes du *littoral*, répond l'homme fièrement. Les chiens n'ont pas le droit de courir librement dans les dunes.

– Ah bon ! Pourtant nous ne sommes pas à l'intérieur du parc, explique Annie.

– Toute la zone des dunes est *protégée* », réplique l'homme en vert.

Annie ne peut s'empêcher de protester :

« C'est écrit à l'entrée du parc que les chiens *doivent* être *tenus en laisse*, mais nulle part ailleurs. Quand on n'est pas de la région, on ne peut pas le savoir !

– Je vous dis de prendre votre chien en *laisse* ! » *répète* l'homme qui fait brusquement demi-tour et disparaît à nouveau derrière la dune.

Übung 10: Bringen Sie die Satzteile in die richtige Reihenfolge!

ÜBUNG 10 !

1. ne les empêche pas, 2. leur, 3. mais ça, 4. promenade, 5. Elle, 6. en laisse, 7. prend, 8. de continuer, 9. Chef

Lösung : _, _, _, _, _, _, _, _, _

« Décidément, les gens sont peu aimables dans le coin ! » dit Annie à mi-voix.

Brusquement, ils tombent sur une série de *blockhaus à peine* visibles sous les herbes et le sable. Ils sont différents de ceux qu'elle a vus la *veille* : plus petits et moins défensifs. Le *blockhaus* principal forme un tunnel. Chef tire sur la *laisse* dans la direction de l'entrée. Annie hésite. Elle craint un peu les mauvaises rencontres dans les *blockhaus*, les vagabonds ou autres personnes *peu fréquentables*. Elle se penche pour regarder à l'intérieur. À droite et à gauche du tunnel se trouvent des pièces obscures. Annie avance prudemment, laisse la première pièce sur la gauche. Elle n'est pas *rassurée*. Mais Chef tire sur sa *laisse*. Il semble savoir où il va. Il pénètre sans hésitation dans la seconde chambre sur la droite et s'arrête. Annie le suit. Une toute petite ouverture au niveau du plafond laisse entrer un peu de lumière et ses yeux *doivent* d'abord s'habituer à la *pénombre*. Juste en dessous, au pied du mur, elle *aperçoit* une personne *assise* sur une couverture.

« Laissez-moi tranquille, allez-vous en ! » crie une voix féminine, jeune et agressive.

« Ce n'est pas un vagabond », pense Annie, *rassurée*.

Chef *s'approche de* la jeune fille qui se colle alors au mur, comme un animal qui a peur.

« Ne craignez rien, Chef est gentil », dit Annie.

Elle distingue maintenant un jean bleu, un soulier rouge et un pied nu puis un sac à dos, un paquet de biscuits et une bouteille d'eau presque vide.

« Vous êtes Céline, n'est-ce pas ?

La jeune fille *sursaute* et répond par une question.

– Et vous, qui êtes-vous ?

– Je suis Annie Deschamps. Je suis en vacances ici.

– Pourquoi connaissez-vous mon nom ?

– Ce matin, j'ai fait la connaissance de votre amie Claire.
– Ce n'est plus mon amie, riposte Céline.
Annie ignore sa réaction et continue :
– Elle m'a parlé de vous. Elle m'a dit que vous lui manquiez. Et si c'est vous qui avez mis le feu, elle comprend vos raisons et vous pardonne.
La jeune fille *se redresse*.
– Elle croit vraiment que j'ai mis le feu. Quelle idiote ! Elle a raconté ça à la police ?
– Elle ne sait plus ce qu'elle *doit* croire mais elle n'a rien *révélé* à la police. Elle regrette de vous avoir pris votre copain Ludovic et se *sent* un peu responsable de ce qui est arrivé. »
Annie essaie d'être claire et *persuasive* pour que la jeune fille *lui fasse confiance*, tout comme Claire *lui* a *fait confiance*.
« Ça ne s'est pas du tout passé comme ça ! » s'écrie soudain Céline.
Comme la jeune fille semble plus détendue, Annie s'assied à côté d'elle. Chef lui lèche gentiment les mains. Céline sourit.
« Claire aussi a un chien. Bijou. Elle l'adore, dit-elle en lui caressant la tête.
– Oui. Il a *failli* mourir dans l'*incendie*.
– Ah… »
Elle est jolie, brune, les yeux noisette avec un regard *fiévreux*.
« Vous allez bien ? *s'inquiète* Annie. Vous avez faim ou soif ?
– Soif, non, j'ai emporté de l'eau… mais je n'ai rien mangé depuis hier. »
Elle regarde la boîte de biscuits vide.
Se souvenant brusquement des croissants qu'elle a oubliés dans son sac, Annie les lui offre. Céline les mange avec appétit puis boit l'eau qui se trouve encore dans la bouteille.
« Est-ce que vous voulez me raconter ce qui s'est passé ? Peut-être

que je pourrai vous aider. Vous savez, tout le monde vous cherche. Vos parents craignent qu'il vous soit arrivé quelque chose de grave.
– Je leur ai laissé un mot, dit-elle… Je ne voulais pas qu'ils *s'inquiètent.* »

ÜBUNG 11

Übung 11: Was bedeuten folgende Aussagen? Kreuzen Sie an!

1. changer de fille comme de chemise
   a. ☐ avoir souvent une petite amie différente
   b. ☐ mettre une chemise propre avant d'aller à un rendez-vous

2. avoir la chair de poule
   a. ☐ manger la chair (le blanc) du poulet
   b. ☐ trembler de peur ou de froid

3. rester à l'écart
   a. ☐ ne pas se joindre aux autres
   b. ☐ partir

4. laisser un mot à quelqu'un
   a. ☐ laisser un message sur le répondeur du téléphone
   b. ☐ laisser un message écrit

Céline regarde Annie un instant en silence. Elle hésite. Chef aussi attend. Puis brusquement, devant cet *auditoire* inattendu, dans ce décor étrange, elle raconte la raison de sa *fugue*.
« Vous savez, je n'en ai pas voulu longtemps à Claire pour Ludovic. En fait je me suis vite fait un nouveau copain, Marik, un Anglais en vacances. Les *gars* comme Ludovic changent de fille comme de chemise, ça ne m'intéresse pas. Et puis je la connais,

Claire. Je sais qu'elle est un peu… euh…
– *Volage* ? propose Annie.
– Oui, si vous voulez. Avant elle sortait avec Serge Pilou. C'est un sale type. Il fait partie de notre bande de copains mais je ne l'aime pas. Il est dangereux quand il boit… Elle fait une pause pendant laquelle elle semble réfléchir. Puis elle explique : Vous savez, dans un endroit comme ici, on n'a pas vraiment le choix pour ses relations. C'est tout ou rien !
Annie *hoche la tête*.
– Il y a toujours un élément désagréable dans une bande, il faut vivre avec ou s'isoler.
Encouragée, Céline *approuve* et continue :
– Je ne voyais plus Claire ces derniers temps. Elle évitait le groupe pour ne pas rencontrer Serge.
Annie demande :
– Que s'est-il passé le soir de l'*incendie* ?
– Ce soir-là, Marik fêtait ses adieux dans les dunes. Il repartait le lendemain pour l'Angleterre. D'abord, il y avait seulement Serge et Marcel Boiteau avec nous. Marcel, c'est un faible qui suit Serge partout comme un petit chien. Plus tard, deux autres *gars* et une fille du village de vacances sont venus nous *rejoindre*. »
Annie avait *aperçu* les chalets du village de vacances à la sortie de la ville, le jour de son arrivée.
Céline précise :
« Ceux-là, je ne les connais pas bien. Ils sont partis vers minuit et demie et nous sommes restés à quatre. Marik et moi, nous nous tenions un peu *à l'écart*. Serge buvait et discutait avec Marcel. Il semblait nous avoir complètement oubliés. Brusquement il s'est levé, il a donné de grands coups de pied dans les bouteilles de bière vides et a hurlé :
« La *garce*, je vais la tuer ! »

Il était complètement *saoul.* Il a sorti son couteau et faisait de grands gestes menaçants. J'ai tout de suite compris qu'il parlait de Claire… Puis ils sont partis tous les deux…
– Vous n'avez rien fait pour les arrêter ? demande Annie.
– Arrêter Serge quand il est dans cet *état* ? s'exclame la jeune fille. Impossible ! Et puis, je me suis dit que Claire ne craignait rien, qu'elle *devait* être chez elle à cette heure-là. Je pensais que Serge allait faire un peu de *tapage nocturne* sous ses fenêtres et qu'il abandonnerait. Le lendemain, il serait de nouveau dans son *état* normal, il n'y aurait plus rien à craindre… Mais je me suis *trompée.* »

ÜBUNG 12 !

Übung 12: Lesen Sie weiter und unterstreichen Sie das richtige Pronomen!

Annie *sent* que Céline se fait des reproches.
Elle choisit ses mots pour (1.) les/la *consoler* :
« Vous ne pouviez pas deviner que Serge mettrait le feu.
– Oui, c'est vrai. On a bien entendu les sirènes dans la nuit mais on n'a pas *fait le rapprochement*, Marik et (2.) toi/moi. On n'est pas allés voir. Comme il ne pouvait pas entrer dans l'immeuble, cet idiot de Serge a tout simplement mis le feu à la boîte aux lettres de Claire !
– Et vous n'êtes pas allée (3.) lui/la rendre visite à l'hôpital. Vous ne (4.) le/les avez pas dénoncés ?
– J'étais bien décidée à (5.) le/ça faire. Je (6.) me/moi doutais que la famille de Claire serait chez la grand-mère et j'(7.) en/y allais. Je voulais tout (8.) leur/les raconter.

– C'était ce que vous aviez de mieux à faire, *approuve* Annie.

– Oui. Seulement Serge est passé en voiture à ce moment-là. Je crois qu'il m'attendait. Il s'est arrêté à ma hauteur, en me montrant son couteau. Il m'a menacée. Il a dit : « Regarde ce qui t'attend si tu dis un mot ! Tu m'as bien compris ! » et il a redémarré.
– Et vous vous êtes laissé *impressionner*.
– Oui. J'étais complètement paniquée sur le moment. Je savais qu'il ne *plaisantait* pas. Je savais aussi que là, en pleine rue, il n'oserait rien faire, mais que dès que nous serions seuls, il n'hésiterait pas une seconde, surtout s'il avait bu à ce moment-là. J'ai fait demi-tour. J'ai attrapé mon sac à dos, quelques provisions, de l'eau et une petite couverture. J'ai écrit un mot pour *rassurer* mes parents et je me suis cachée ici. Il passe peu de monde par ici. J'y viens souvent quand j'ai besoin de calme.
– Vous ne pouvez pas rester ici toute votre vie.
– Je sais. J'avais besoin de temps pour réfléchir.
– Et Marik ?
– Il est reparti le matin même pour l'Angleterre. Ses vacances étaient terminées, c'est pour ça qu'on est restés si longtemps dans les dunes, avoue-t-elle tristement. Il ne s'est même pas couché cette nuit-là. Il a *rejoint* ses parents et ils sont rentrés dans leur pays. »
Depuis le début de la conversation, Annie a libéré le chien qui va et vient entre elles deux et l'entrée du *blockhaus*. Il semble les *inviter* à agir.
Annie le regarde faire pensivement.
« Et qu'est-ce qu'on fait maintenant ? demande-t-elle.
– Que je parle ou que je ne parle pas, le résultat est le même, remarque Céline. Serge ne me laissera plus tranquille. Je n'ai pas envie de vivre toujours dans la crainte de le rencontrer et de prendre un coup de couteau.
Annie lui propose son aide :

– Si vous voulez, je vous accompagne chez la police pour faire votre déclaration. »

Céline hésite encore.

Des yeux, Annie fait le tour de la cachette que Claire s'est choisie. L'endroit est plutôt *sinistre*.

Elle dit :

« Il faut du *cran* pour passer plusieurs nuits ici toute seule ! Quelqu'un qui fait *preuve* d'un tel courage *doit* pouvoir surmonter tous les obstacles qu'elle rencontrera à l'avenir. »

Elle a choisi les bons arguments.

– Allons-y, qu'on en finisse ! » dit brusquement Céline en ramassant ses affaires.

Quand elle *se dirige vers* la sortie, Annie remarque qu'elle *claudique* sur son pied nu.

Elle la rappelle :

« Eh, Céline ! Ne vous manquerait-il pas une chaussure, par hasard ?

– Oui j'en ai perdu une dans les dunes. Je les avais enlevées pour marcher dans le sable. Elle *doit* être tombée de mon sac sans que je m'en *aperçoive*. Dommage, elles étaient neuves, ajoute-t-elle avec regret.

Annie fait un sourire à Céline.

Elle ouvre son sac et en sort la chaussure rouge qu'elle lui rend.

– Et voilà ! C'est elle qui m'a menée à vous.

– Oh, super ! Merci.

Céline la met, debout sur un pied.

– Remerciez Chef ! C'est lui qui l'a trouvée.

– Merci le chien !

Chef accepte la caresse de la jeune fille puis passe devant les deux femmes pour leur montrer le chemin. Sans *laisse* ! Tant pis si le garde n'est pas content !

Übung 13: Markieren Sie mit richtig ✔ oder falsch – !

ÜBUNG 13 !

1. Claire voudrait se réconcilier avec Céline. ☐
2. Céline a fait une fugue parce qu'elle a mis le feu à la boîte aux lettres de Claire. ☐
3. Serge a menacé Céline de son couteau. ☐
4. Serge a provoqué l'incendie de l'immeuble de Claire. ☐
5. Annie accompagne Céline chez Claire. ☐

Chapitre 3 : La brocante

Annie dîne et écoute les informations régionales qui viennent de commencer. À l'écran apparaît à nouveau une photo de Céline. Un film passe montrant l'immeuble détruit par le feu et le commentateur explique que les deux affaires, l'*incendie* de l'immeuble et la disparition de Céline, étaient liées.

« Annie Deschamps, une dame de cinquante ans en vacances dans notre ville, et son chien ont *découvert* Céline dans un *blockhaus*… »

Brusquement l'hôtelière et sa fille retrouvent la parole et deviennent très aimables, trop aimables au goût d'Annie. Les deux femmes sont intéressées. Annie est devenue une héroïne dans la petite ville et la presse va évoquer qu'elle passe ses vacances dans leur hôtel.

Mais Annie n'a plus envie de rester. Elle a vu la mer, elle a *élucidé* une affaire, elle est satisfaite et elle veut rentrer chez elle. Chef veut aussi retrouver ses habitudes et ses promenades dans son parc, librement, sans *laisse*. Elle leur annonce qu'elle partira le lendemain matin, un jour plus tôt que prévu.

La patronne ne cache pas sa *déception*.

Elle dit :

« Mais demain, ça va être difficile ! C'est la brocante. Toute la rue est bloquée, vous ne pourrez pas partir tôt. D'ailleurs, il faudrait que vous gariez votre voiture dans une autre rue ce soir, pour ne pas gêner le marché.
– Ah ! Et vous pensiez me prévenir quand ? demande Annie. À minuit ? À quelle heure est-ce que les exposants arrivent ?
– J'ai complètement oublié de vous le dire, avoue la patronne. Les exposants commencent à s'installer dès cinq heures du matin. Pourquoi est-ce que vous voulez partir une journée plus tôt ? La brocante, c'est une attraction. Vous ne *devriez* pas manquer ça ! Vous ne vous plaisez pas ici ? »
Annie décide de dire ce qu'elle pense vraiment.
Elle répond :
« Je vais être sincère : je trouve que vous et votre fille, vous pourriez être plus souriantes ! »
La grosse femme *sursaute*, *vexée*.
« Nous ne pouvons pas passer notre journée à faire la conversation aux clients, s'excuse-t-elle vivement.
– Entre faire la conversation et donner un renseignement, il y a une différence !
– Vous êtes une cliente difficile ! riposte l'hôtelière.
– Ah vous trouvez ? »
Ayant horreur des disputes, Annie change brusquement de sujet. Elle demande :
– Qu'est-ce qu'il y a au menu, ce soir ? car les *repas* sont la seule chose qui mérite plus d'une étoile dans cet hôtel.
– Crêpe salée maison aux trois fromages et aux champignons accompagnée d'une salade.
– C'est très bien, j'adore les crêpes. Pour ce qui est de mon départ, j'irai faire un tour sur la brocante avant. Mais ma décision est prise : je pars demain quand même. »

*Übung 14: Welche Verben werden mit **avoir** und welche mit **être** konjugiert? Ordnen Sie zu!*
(quitter, partir, dire, sortir, se lever, courir, se demander, penser)

avoir : ______________________________

être : ______________________________

Le lendemain matin, au moment de payer sa note d'hôtel, les adieux sont courts. On ne lui demande pas si elle reviendra et elle ne promet pas de le faire : l'hôtelière et la cliente se quittent sur un simple « Au revoir et merci » qui *n'engage à rien*.
Avant de prendre la route, Annie profite qu'il y ait encore peu de visiteurs pour faire un tour sur la brocante sans se faire *bousculer*.
Chef marche à côté d'elle, sagement, comme elle le lui a appris.
En passant devant le café de l'hôtel, elle *aperçoit* la mère et la fille *en train de* servir au *comptoir*. Elles sont souriantes.
« Les sourires sont réservés aux gens du quartier, pas aux touristes », se dit-elle.
La brocante est immense. Les exposants occupent la route nationale sur toute sa longueur et une partie des rues secondaires. On y trouve de tout : de vraies antiquités et des *babioles*, des vêtements, des chaussures, des nappes, des casques de guerre, des ustensiles de cuisine, des bijoux, sans parler des livres et des disques. Tout le monde y participe, tout le monde se connaît. C'est la fête, avec de la musique à toutes les terrasses de café.
Annie et Chef sont arrivés *au bout du* marché. Elle s'apprête à faire demi-tour quand son regard tombe sur deux jeunes filles, une jolie blonde et une tout aussi jolie brune, qui vont *bras dessus, bras dessous*, l'air heureuses. La blonde porte un petit chien blanc dans ses bras. Annie les reconnaît tout de suite. Chef aussi a reconnu Céline, Claire et son *Bichon*. Il tire sur la *laisse* pour les saluer.

ÜBUNG 15 !

Übung 15: Ordnen Sie die Buchstaben in Klammern zu sinnvollen Wörtern! Wie lautet der Satz?

1. (ninAe) 2. (te) 3. (efCh) 4. (rereconnntt) 5. (sle) 6. (efsill) 7. (rsu) 8. (al) 9. (bcarotne)

« Bonjour Annie » dit Claire.

Céline les regarde l'une et l'autre avec surprise.

Annie remarque son étonnement et explique en riant :

« Et oui, nous, on est déjà copines, hein Claire ? Nous *nous tutoyons*.

– Vous pouvez *me tutoyer*, moi aussi, propose alors Céline.

– D'accord. Alors moi, c'est Annie, répond Annie en lui tendant la main. Enchantée ! » Elles rient toutes les trois.

Comme Bijou semble *se réjouir* de revoir Chef, Claire le dépose à terre et les deux chiens refont connaissance, plus gentiment que la première fois.

« Alors les filles, on se promène ? demande Annie.

– Oui. Nous nous sommes retrouvées, dit Claire.

– *Grâce à* vous, ajoute Céline.

– Oh je n'y suis pour rien, Céline. Maintenant que les deux *incendiaires* sont arrêtés, tu n'as plus rien à craindre. Finalement, c'est toi qui as eu le courage de réagir et de les dénoncer.

Céline rougit légèrement du compliment.

– C'est l'amitié qui est plus forte que tout, déclare-t-elle. Elle gagne toujours !

– C'est vrai, Céline ! dit Claire, heureusement, en passant un bras autour du cou de sa meilleure amie. Puis elle demande : Et

vous Annie, vous êtes encore là pour longtemps ?
– Non, Chef et moi, nous repartons ce matin.
– Ah, c'est dommage, s'écrie Claire.
– Oui, c'est dommage », *répète* Céline.

Comme les deux jeunes filles semblent vraiment regretter qu'ils partent déjà, Annie *fouille* dans son sac et en sort une carte de visite sur laquelle est représentée une tête de briard.
Elle dit :
« Tenez ! Voilà mon adresse et mon numéro de téléphone. Si vous voulez, donnez-moi de vos nouvelles. Ça me fera plaisir. »
Céline tend la main pour prendre la carte et y *découvre* une adresse de courrier électronique.
« Oh oui. C'est une bonne idée. Je vous enverrai un mail ! promet-elle.
Annie n'y croit pas vraiment mais elle sourit et déclare :
– Et moi, je réponds toujours immédiatement aux mails ! Puis décidant de changer ses plans et de ne pas revenir par le marché, elle ajoute : Bon et bien nous, nous retournons à la voiture en passant par la plage. Chef pourra encore profiter une dernière fois de la mer avant le voyage. Au revoir les filles et… soyez sages ! *plaisante-t-elle*.
– Ne craignez rien, Annie ! Maintenant, nous ne nous quittons plus ! » fait Céline.
Les deux jeunes filles repartent *bras dessus, bras dessous*, en agitant une main en signe d'adieu.
Annie pense : « Oui, oui ! Le « vous, Annie », respectueux de la différence d'âge ! » et elle sourit.
Bijou se retourne une dernière fois vers son nouvel ami.
Annie *soupire* :
– C'est quand même beau l'amitié… Allez, Chef ! *En route* ! »

HECTOR FERVENT – GRANDS CRUS

Rosemary Luksch

Chapitre 1 : Le suspect idéal

La comtesse d'Aubigny est une vieille dame élégante aux habits démodés. Elle porte une robe de *dentelle* rose à l'ancienne et plusieurs rangées de perles. En ce moment, on ne remarque rien de son calme habituel. Elle tourne dans son salon, la mine désolée. La pièce est magnifique avec ses meubles Louis XV mais au mur, ici et là, des *empreintes* plus claires sur la tapisserie montrent que plusieurs tableaux ont été vendus. Ce sont ceux dont Madame la Comtesse a *dû* se séparer pour payer la restauration de son château, un *héritage* de famille perdu au cœur de la Bourgogne.

Madame la Comtesse n'est pas énervée, elle est tout simplement *révoltée*.

« Qui a pu faire une chose pareille ! » *gémit*-elle.

Son chauffeur et homme de confiance, Hector Fervent, *s'inquiète* pour elle.

« Madame la Comtesse, calmez-vous ! Pensez à votre cœur !

– Me calmer ! Comment pourrais-je me calmer alors qu'un *malotru* m'a *volé* ce que j'ai de plus cher ! »

Amédée Godillot, l'inspecteur qui est venu constater le vol, *intervient* :

« N'*exagérez* pas, Madame ! Quelques bouteilles de vin n'ont encore jamais ruiné personne ! »

La comtesse le *fusille du regard*. Elle a horreur de la *bêtise* humaine et pour elle, cet inspecteur est d'une *bêtise* à faire peur.

« Quelques bouteilles ! s'exclame-t-elle. Ce sont cent bouteilles de grands crus qui ont disparu de ma cave ! Cent bouteilles, vous m'entendez ? Avez-vous une idée de la valeur de ce vin ? »

L'inspecteur secoue négativement la tête. Pour lui, du vin rouge, c'est du vin rouge. *Pas de quoi en faire un drame !*
La comtesse *hausse les épaules*.
« Vous ne pouvez pas comprendre… murmure-t-elle, résignée.
– Je ne demande pas mieux que de comprendre », dit l'inspecteur, *vexé*.
Alors Hector Fervent explique à la place de sa *maîtresse* :
« Ce n'est pas du vin de table, Inspecteur. Ce vin vaut une vraie fortune : du Château Margaud, du Pouilly, du Pommard… Tous des grands crus ! »
L'inspecteur lui lance un regard irrité. Comment ce chauffeur avec sa *casquette ridicule* se permet-il de lui donner des leçons ! Il lui tourne démonstrativement le dos.
« Si ce vin a une telle valeur, il est naturellement assuré, suppose-t-il en s'adressant de nouveau à la comtesse.
– Bien sûr, s'exclame celle-ci. Je tiens un livre de cave pour l'assurance. Certaines de mes bouteilles ont plus de 30 ans ! Leur perte est comparable au vol d'une œuvre d'art. »

Übung 1: Verbinden Sie den Satzanfang mit dem passenden Satzende!

ÜBUNG 1

1. ☐ Madame D'Aubigny porte une robe à l'ancienne
2. ☐ Le château est un héritage de famille
3. ☐ Hector Fervent est
4. ☐ Cent bouteilles de grands crus
5. ☐ Ce vin
6. ☐ La comtesse trouve l'inspecteur

a) perdu au cœur de la Bourgogne.

b) vaut une vraie fortune.
c) avec de jolies dentelles.
d) bête à faire peur.
e) ont disparu de la cave du château.
f) le chauffeur et homme de confiance de la comtesse.

L'inspecteur se lève pour aller au devant du policier qui remonte justement de la cave. Celui-ci était occupé à *relever les empreintes* pendant que lui-même menait son interrogatoire dans le salon.
« Alors ? lui demande-t-il. Vous avez terminé ? Vous avez trouvé des *empreintes* ?
– À première vue, il y a seulement celles de Madame la Comtesse et de son chauffeur, dit le policier. Le labo confirmera.
– Voilà qui est intéressant ! Attendez-moi dehors ! Je termine mon interrogatoire et je vous *rejoins*. »
Le policier salue respectueusement la comtesse et quitte le salon.
L'inspecteur se tourne vers le chauffeur.
« À ma connaissance, vous avez fait de la *prison*, n'est-ce pas, Hector Fervent ? Le vol et l'*escroquerie*, ça vous connaît ! »
Hector qui ne s'attendait pas à être suspecté, se défend :
« Mais c'est moi qui vous ai appelé pour signaler le vol, sur l'ordre de Madame !
– Justement ! fait l'inspecteur. C'est le meilleur moyen de détourner l'attention de sa propre personne ! »
Madame d'Aubigny vient immédiatement au secours de son chauffeur.
« Je vous arrête tout de suite, Inspecteur ! Hector n'a rien à voir avec le vol de mon vin ! Je *m'en porte garante* !
– Vous ne *devriez* pas *protéger* un criminel, Madame la Comtesse. Cela vous *jouera un mauvais tour* ! »
Hector est habitué à entendre parler de son passé criminel à chaque

fois qu'il se passe quelque chose autour de lui. Il sait que ce passé le poursuivra toute sa vie.
« J'ai payé pour mes erreurs, proteste-t-il. Ça fait dix ans que je n'ai plus rien à me reprocher, plus depuis que je travaille au château ! Je *dois* bien ça à Madame la Comtesse qui m'a donné une nouvelle chance de repartir à zéro ! »
« D'ailleurs, nous étions chez le juge Marceau, à trente kilomètres d'ici, ajoute Madame d'Aubigny. Il donnait une *réception* et Hector m'y a conduite. Il m'a attendue là-bas pour me ramener vers trois heures du matin. »
L'inspecteur ne change pas facilement d'avis.
Il déclare :
« Votre chauffeur peut être revenu et avoir *volé* le vin sans que vous ne vous en soyez aperçu pendant que vous étiez à la *réception* ! Il se tourne vers Hector : Il y a un *témoin* pour confirmer que vous êtes bien resté *sur place* à attendre la comtesse ?
– Je ne crois pas. J'ai dormi dans la voiture. Les nuits ne sont pas trop froides au mois de mai. Je me suis couvert de mon manteau, j'ai placé ma *casquette* sur mes yeux et je me suis bel et bien endormi en attendant Madame la Comtesse. »
« *En tout cas*, il dormait profondément, confirme la comtesse. J'ai *dû* frapper assez fortement à la *vitre* de la voiture pour le réveiller. »
L'inspecteur n'est pas convaincu mais il préfère changer de sujet :
« À part vous Madame d'Aubigny, qui possède la clef de la cave à vin ?
– Personne, répond celle-ci. Je ne *fais confiance à* personne !
– Ah ! Même pas à Hector Fervent, alors ? » fait l'inspecteur avec un drôle de sourire.
Madame d'Aubigny ignore la remarque ironique de l'inspecteur.
Elle *répète* :
« Non ! Je ne me sépare jamais de ma clef. Elle est toujours dans

mon sac à main. D'ailleurs il n'en existe pas de *double*. La comtesse lance un regard à son chauffeur qu'elle considère comme un ami. Par contre, ajoute-t-elle, Hector est le seul à qui je permette de m'accompagner à la cave. »

ÜBUNG 2

*Übung 2: Setzen Sie die richtige Präposition **à, de** oder – ein!*

1. faire confiance _____ quelqu'un
2. attendre _____ quelqu'un
3. avoir peur _____ quelque chose
4. vouloir _____ quelque chose
5. donner _____ quelqu'un
6. interroger _____ quelqu'un

L'avis de la comtesse ne compte pas pour l'inspecteur. Hector Fervent a déjà été condamné pour *escroquerie*, il est donc le *suspect* idéal. Il réplique :
« Un criminel reste toujours un criminel. Croyez-en mon expérience ! Mais bon, nous verrons bien ! *En tout cas*, vous restez tous les deux à ma *disposition*, sauf votre respect, Madame ! »
Il fait une *courbette* maladroite en prenant la main de la comtesse pour y poser ses *lèvres*.
Celle-ci la lui retire d'un air *dégoûté*.
Une fois restés seuls, Madame d'Aubigny et son chauffeur se regardent en *haussant* simultanément *les épaules*.
« Je ne m'attendais pas à ça ! dit la comtesse en se postant derrière le rideau pour regarder les policiers partir. Quel imbécile, ce Godillot ! Ce n'est pas lui qui retrouvera mon vin ! »

Ignorant qu'ils sont observés, Amédée Godillot et son collègue commencent à discuter sous la fenêtre ouverte. Madame d'Aubigny fait signe à son chauffeur de la *rejoindre* sans faire de bruit pour les *espionner* avec elle.
Le policier demande à son chef :
« Qu'est-ce que vous pensez de cette affaire ?
– Pas grand-chose, répond celui-ci. Cet Hector ne me plaît pas. Il a fait de la *prison* pour *escroquerie* et il *a l'air* de s'y connaître en vins.
– Vous pensez que c'est lui qui a *volé* les bouteilles ? Qu'est-ce qu'il en ferait ?
– Hum… il paraît que ces grands crus *valent* une fortune, répond l'inspecteur. Alors, ou bien le chauffeur l'a *volé* pour son propre compte et il le revendra peu à peu à des connaisseurs…
– Ou alors ?
– Ou alors, la vieille comtesse et son chauffeur sont *complices* et le vol est *fictif* ! »
Le policier ne comprend toujours pas.
« Je ne vois pas ce que cela apporterait à la comtesse de *voler* son propre vin ! s'étonne-t-il.
– Vous n'avez pas pensé à l'assurance ! dit Amédée Godillot fièrement. Le vin est assuré, donc elle *encaisse* l'argent ! Vous n'avez pas vu les emplacements vides au mur, les rectangles blancs sur la tapisserie ?
– Si. Pourquoi ? Il y a un *rapport* ? demande naïvement le policier.
– Bien sûr qu'il y a un *rapport* ! Ce château, il faut l'entretenir ! La comtesse a besoin d'argent. Et de façon assez urgente pour qu'elle vende ses tableaux de famille ! Donc, l'argent de l'assurance sera le bienvenu. Et ça, sans même perdre ses chères bouteilles ! »
Le policier regarde son chef en *hochant la tête* avec respect.
Puis il remarque :

« Seulement, nous n'avons pas de *preuves* !
– En cherchant bien, on en trouvera ! Hector Fervent, lui, n'a pas d'alibi et croyez-moi ! C'est bien pire. »
Le reste de la conversation devient *inaudible* car les deux policiers montent en voiture.

ÜBUNG 3 !

Übung 3: Welche Wörter gehören zusammen? Ordnen Sie richtig zu!

1. ☐ bon	a) pire
2. ☐ criminalité	b) mieux
3. ☐ grave	c) valoir une fortune
4. ☐ peu	d) réception
5. ☐ avoir de la valeur	e) faute
6. ☐ bien	f) meilleur
7. ☐ erreur	g) pas grand-chose
8. ☐ fête	h) escroquerie

Madame d'Aubigny s'exclame avec indignation :
« Je le savais bête, mais à ce point !
– Bête et irrespectueux ! ajoute Hector. Après il viendra vous faire des *courbettes* et des baisemains !
La comtesse *étouffe* un petit rire en se rappelant la mine de l'inspecteur lorsqu'elle lui a retiré sa main pour qu'il ne la baise pas.
– Il a vu ça à la télévision ! dit-elle d'un ton moqueur.
– Je crains qu'il réussisse à trouver quelque chose contre moi alors que je suis *innocent*, dit Hector.
– S'il ne trouve pas de *preuves*, il est bien capable d'en fabriquer, remarque la comtesse, inquiète, elle aussi. Et puis en plus, il pense que nous sommes *complices* !

– Qu'est-ce qu'on fait ? On ne va quand même pas rester là à attendre qu'il vienne nous arrêter. »

La comtesse réfléchit. Elle dit :

« J'ai surtout peur des *rumeurs*. Tu sais, ce Godillot, il a ses habitudes au café du village. S'il laisse entendre que j'ai *volé* mon propre vin pour *escroquer* l'assurance, plus une banque ne *me fera confiance* lorsque je désirerai avoir un crédit. »

Hector craint plus pour la réputation de la comtesse que pour lui-même. Il s'exclame :

« Il faut éviter cela à tout prix ! »

La comtesse se laisse tomber dans le joli fauteuil d'époque.

« Quel dimanche ! murmure-t-elle. Je rentre d'une *réception* pour trouver ma cave à vins vide. Puis de *victime*, je deviens accusée…

– *Suspecte*, Madame. Seulement *suspecte* ! Et il n'y a qu'un seul moyen de faire changer cet inspecteur d'avis !

– Lequel ? demande la comtesse d'un air fatigué.

– Il faut lui livrer le vrai *coupable*, déclare Hector. Si vous me le permettez, je ferais volontiers ma propre petite *enquête*. »

La comtesse regarde son chauffeur d'un air pensif. Elle essaie d'*imaginer* son Hector Fervent en détective privé.

Elle se décide tout à coup :

« Et après tout, pourquoi pas, Hector ! On n'a rien à perdre et tu feras certainement un bien meilleur policier que ce Godillot ! Qu'est-ce que tu penses faire ?

– Je vais commencer par *interroger* le personnel.

– L'inspecteur l'a déjà fait, lui rappelle la comtesse. Blanche et Charlotte n'ont rien vu, ni rien entendu.

– Nous aussi, il nous a *interrogés*, remarque Hector. Et voyez le résultat !

– En effet, reconnaît la vieille dame. Bon. Vas-y Hector ! Je te *donne carte blanche*. »

ÜBUNG 4 !

Übung 4: Markieren Sie mit richtig ✔ oder falsch – !

1. Hector est le mari de Madame la Comtesse. ☐
2. La comtesse a donné une nouvelle chance à Hector. ☐
3. Madame la comtesse a une énorme fortune. ☐
4. Heureusement, le vin volé a peu de valeur. ☐
5. Dans la nuit du vol, la comtesse et le chauffeur se trouvaient à trente kilomètres du château. ☐

Chapitre 2 : Hector Fervent mène l'enquête

Hector Fervent est heureux d'avoir reçu l'autorisation de la comtesse. Il en va de leur réputation à tous les deux, mais surtout de la sienne, à elle. Il donnerait sa vie pour la charmante vieille dame qui lui a permis de repartir dans le droit chemin à sa sortie de *prison*. Hector s'apprête à quitter le salon mais hésite et revient brusquement sur ses pas.

Il demande :

« Au fait, Madame, la clef de la cave, c'est vraiment bien la seule qui existe ? »

La comtesse rit.

« Ah ! Je vois que tu prends ta nouvelle *tâche* très au sérieux, Hector. Moi aussi, il faut que tu m'*interroges* !

– Euh… Je vous prie de m'excuser, Madame la Comtesse. Il m'est seulement venu une idée à propos de la clef…

– Mais je t'en prie, Hector ! Pose toutes les questions que tu as envie de me poser ! C'est moi qui t'ai autorisé à t'occuper de cette affaire.

– Si c'est la seule clef qui existe, reprend alors Hector, il faut bien que quelqu'un l'ait prise, *au moins* pour en faire un *double*.

– Tu as raison. C'est la seule *conclusion* possible. Il n'y a qu'une

entrée à la cave et il n'y a pas eu *effraction*. Si je n'avais pas eu l'idée de choisir du vin pour mon *repas* de ce soir, je n'aurais rien remarqué avant plusieurs jours peut-être.
– La clef était donc dans votre sac à main, aujourd'hui, vers une heure de l'après-midi. Est-ce qu'elle y était également hier soir, quand vous êtes allée à la *réception* ?
– Je pense. Elle est toujours dans mon sac. Je n'ai pas *vérifié*.
– Est-ce que vous avez déposé votre sac quelque part pendant la *réception* ? Est-ce que vous l'avez quitté des yeux un instant ?
– Non, affirme la comtesse. Je n'en ai pas eu la nécessité.
– Il est donc *improbable* que lors de la *réception*, quelqu'un ait *volé* la clef, en ait pris l'*empreinte* pour en faire un *double* puis l'ait remise à sa place.
– Pratiquement impossible, répond Madame d'Aubigny. Et puis les gens que *fréquentent* le juge Marceau ne sont pas des criminels. »
Là Hector est obligé de *contredire* sa *maîtresse* :
« Si vous saviez avec qui je *partageais* ma *cellule*, Madame la Comtesse ! Avec un directeur de banque. Alors vous voyez ! On trouve des criminels dans toutes les classes sociales. Mais une dernière question, encore, si vous le permettez. Quand êtes-vous descendue pour la dernière fois à la cave, avant de *découvrir* le vol ?
– La dernière fois, c'était avec toi, samedi matin, quand j'ai reçu la livraison de champagne que j'ai commandé pour fêter mon anniversaire. Mes précieuses bouteilles étaient encore à leur place dans les *casiers*.
– Oui, c'est vrai », se rappelle Hector.
Samedi matin, il avait lui-même descendu les caisses de champagne car Madame d'Aubigny ne voulait pas d'étrangers dans sa cave. À ce moment-là, le vin était bien *aligné* dans les rayons, de nombreuses bouteilles aux noms réputés, couvertes de poussière. Maintenant les *casiers* étaient tristement vides.

ÜBUNG 5 !

Übung 5: Lesen Sie weiter und unterstreichen Sie die richtige Variante!

Madame d'Aubigny passe une main lasse sur son (1.) yeux/*front*. Elle a peu dormi et de plus, elle a oublié de prendre son déjeuner à cause de ces (2.) évènements/histoire.

Hector remarque son (3.) main/geste et dit :

« Madame la Comtesse, vous *devriez* aller vous reposer. Une petite (4.) repos/sieste vous fera du bien.

– Oui. Je le pense aussi. Je n'ai pas encore déjeuné mais cette (5.) histoire/évènement m'a coupé l'appétit.

– Ne *vous inquiétez* pas, je m'occupe de tout.

– Je *te fais confiance*, Hector. Tu as toute (6.) choix/liberté d'action. Mais je désire que tu me *tiennes au courant du* (7.) résultat/réussite de ton *enquête*. Et puis, sois à l'heure pour me conduire à la messe ce (8.) après-midi/soir ! ordonne-t-elle.

– Bien entendu, Madame, je n'y manquerai pas. »

Après avoir quitté Madame d'Aubigny, Hector décide de se rendre à la cuisine, pensant y rencontrer Blanche Bigotte, la cuisinière. Mais c'est Charlotte, la servante et *bonne à tout faire*, qu'il y trouve. Elle *est en train de ranger* la vaisselle dans l'armoire. Charlotte Mussard est une jeune femme rousse de vingt trois ans, plutôt mignonne qu'Hector trouve un peu *superficielle*. Il préfère les femmes de caractère comme la comtesse.

« Bonjour Charlotte, dit-il en *pénétrant* dans la cuisine. Blanche n'est pas là ?

– Elle va revenir. Elle est partie au *potager* chercher des légumes pour ce soir, répond la jeune servante.

– Elle aurait *dû* me le demander. Je l'aurais fait ! »

Hector n'est pas seulement chauffeur. À l'occasion, il joue aussi le rôle du jardinier car Madame ne peut plus se permettre de payer un personnel nombreux.

« On a regardé dehors si on te voyait, mais tu n'étais pas là, lance Charlotte sur un ton de reproche. Alors elle y est allée elle-même.

– J'étais dans le salon en conversation avec Madame la Comtesse et l'inspecteur à propos du vol, répond Hector.

– Que d'histoires pour quelques bouteilles de vin ! »

« Décidément, Charlotte n'est pas particulièrement intelligente, elle non plus », se dit Hector.

« Non seulement ce vin vaut une fortune, lui explique-t-il patiemment, mais de plus, l'inspecteur nous *soupçonne* Madame et moi de l'avoir *volé* pour *escroquer* l'assurance. »

Charlotte prend un air surpris.

« Ah bon !? » dit la jeune servante.

Au même moment, plusieurs tasses lui *glissent* des mains et tombent sur le sol avec *fracas*.

Übung 6: Unterstreichen Sie das nicht in die Reihe passende Wort!

ÜBUNG 6 !

1. sous, sur, dans, rien, au-dessus
2. urgent, curieux, maladroite, vrai, joli
3. agression, respect, rumeur, réputation, preuve
4. donnez, voyez, prenez, dites, préfériez
5. mis, fait, voit, dit, pris, lu
6. incompétent, quittent, mettent, sortent

Hector se précipite pour aider Charlotte à ramasser les morceaux.

« Zut ! Que je suis maladroite ! s'exclame celle-ci, *rouge de confusion*.

– Tu as de la chance que nous ne soyons plus au *siècle* dernier,

remarque Hector. Madame la Comtesse ne prendra pas l'argent sur ton salaire pour payer la casse comme cela se faisait autrefois !
– Ce n'est pas la comtesse que je crains le plus, dit celle-ci. C'est Blanche ! Sa cuisine, c'est *sacré* !
– C'est vrai que Madame la Comtesse est très gentille, même trop parfois, déclare Hector. C'est pour cela que j'aimerais l'aider à retrouver son vin. Elle m'a permis de mener ma propre *enquête*. Si seulement je rassemblais assez d'informations pour *prouver* notre innocence !
Maintenant Charlotte lui tourne le dos et nettoie l'*évier*.
– Alors tu joues au détective amateur, dit-elle sans arrêter de travailler.
– Oui, et si tu le permets, je vais commencer par t'*interroger*, toi.
– L'inspecteur l'a déjà fait, dit Charlotte en *haussant les épaules*. Mais je ne pouvais rien lui dire. Samedi soir, on a mis de l'ordre dans la cuisine, Blanche et moi. Puis nous sommes montées toutes les deux nous coucher vers vingt-deux heures. J'ai lu quelques pages de mon roman mais j'étais tellement fatiguée que je me suis endormie.
– Et tu n'as rien vu, rien entendu ?
Elle se retourne à nouveau vers lui, le chiffon à la main.
– Non. Tu sais bien où se trouvent nos chambres ! Sous le toit, du côté du parc. La nuit, on pourrait creuser une piscine devant le château que nous ne l'entendrions pas, *plaisante*-t-elle.
– Oui. C'est vrai, reconnaît Hector. Et pour la clef…
– Tu sais bien que Madame ne s'en sépare jamais, rappelle Charlotte sur un ton légèrement moqueur. Elle ajoute : C'est une manie chez elle et ce n'est pas la seule !
– Madame la Comtesse a des manies comme toutes les vieilles dames ! Mais dans l'ensemble, je la trouve charmante, *rétorque* Hector assez vivement. Il n'empêche que quelqu'un a réussi à faire

un *double* de la clef ! Et j'aimerais bien savoir qui et comment ! »
Charlotte *hausse* à nouveau *les épaules* sans répondre.

Übung 7: Setzen Sie den Dialog in die richtige Reihenfolge !

1. Qu'est-ce que tu as fait hier soir ?
2. Non, j'ai d'abord lu un peu dans mon lit.
3. Ensuite, nous sommes montées nous coucher.
4. Pendant que tu lisais, tu n'as rien vu, ni rien entendu ?
5. J'ai d'abord rangé la cuisine avec Blanche.
6. Non, c'est impossible car ma chambre donne sur le parc.
7. Tu t'es endormie tout de suite ?
8. Et qu'est-ce que vous avez fait ensuite ?

Lösung: *1*, _, _, _, _, _, _, _

Comme Blanche ne revient toujours pas, Hector décide d'aller au *potager* pour l'aider et lui poser des questions. Il la retrouve *à genoux* au milieu des carottes.
« Bonjour Blanche. Qu'est-ce que vous faites *à quatre pattes* dans le *potager* ? »
Blanche porte bien son nom car elle a les cheveux blancs comme neige, remontés en *chignon* sur le haut de sa tête. Elle lui tourne le dos et ne réagit pas. Hector sait qu'elle est un peu *sourde*, alors il *s'approche* et lui repose sa question en lui mettant une main sur l'épaule.
« …Vous comptez les carottes ? »
Blanche *sursaute* et dit :
« Ah Hector ! Tu m'as fait peur ! Elle répond en riant : Non. Mais les lapins font des *ravages*, regarde ! S'ils continuent comme ça, il

ne nous restera plus une seule carotte pour faire la soupe ! Tu ne pourrais pas mettre un *grillage* pour les *protéger* ?

– Je le ferai quand j'en aurai terminé avec mon *enquête*.

– Une *enquête* ? Sur quoi ? demande Blanche, étonnée.

– Sur le vin qui a disparu de la cave. L'inspecteur pense que Madame et moi sommes *complices* et que nous essayons d'*escroquer* l'assurance.

– Quelle idée *ridicule* ! s'exclame Blanche en se relevant péniblement. J'ai tout de suite vu que cet inspecteur n'était pas particulièrement *malin*.

– Il n'y a pas eu *effraction* et Madame est la seule à avoir la clef de la cave, explique le chauffeur. De plus, ils n'ont pas trouvé d'autres *empreintes* que les nôtres au *sous-sol*, alors ses *conclusions* ont été rapides ! »

Hector parle fort pour qu'elle l'entende bien.

Blanche est *indignée* et triste pour sa *maîtresse*.

« Notre pauvre comtesse ! Déjà qu'elle a perdu une bonne partie de sa collection de grands crus ! Mais en plus, il faut qu'elle soit confrontée à une telle incompétence policière ! Je la plains.

– *Au moins* vous, vous êtes consciente de la valeur des bouteilles qui ont été *volées* ! Pas comme Charlotte !

– Oh ! Charlotte ! fait Blanche en écartant les deux mains en signe d'*impuissance*. Cette servante est une vraie catastrophe ! Elle est mignonne mais tellement maladroite ! Si Madame n'avait pas aussi bon cœur, il y a longtemps qu'elle aurait perdu sa place ! »

Hector préfère ne rien dire à la cuisinière à propos des tasses que Charlotte vient de casser. Elle le *découvrira* bien assez tôt.

« Alors Madame t'a demandé de mener une petite *enquête*, dis-tu ? C'est une bonne idée », *approuve* Blanche.

La cuisinière a une bonne opinion du chauffeur et elle n'a jamais eu à s'en plaindre. Hector la remercie de sa confiance. Il porte le panier de légumes qu'elle a récoltés et la suit vers la partie du *potager* réservée aux *fines herbes*.

Übung 8: Vervollständigen Sie die Sätze! Kreuzen Sie die richtige Variante an!

1. Blanche se trouve dans …
a. ☐ le parc b. ☐ la cour c. ☐ le potager

2. Elle est un peu …
a. ☐ aveugle b. ☐ sourde c. ☐ jeune

3. Elle compte …
a. ☐ les pommes de terre b. ☐ le persil c. ☐ les carottes

4. Charlotte est …
a. ☐ bonne cuisinière b. ☐ maladroite c. ☐ sourde

5. Elle a cassé …
a. ☐ l'armoire b. ☐ la poubelle c. ☐ de la vaiselle

« Viens, dit-elle, il me faut encore du persil et du thym. »
Il en profite pour lui demander ce qu'elle a fait samedi soir. Elle répond volontiers.
« Si ça peut aider Madame ! fait-elle en *soupirant*. Je suis allée me coucher vers dix heures du soir. J'ai regardé la télé avant de dormir et je n'ai rien remarqué pour le vol. Mais tu sais que je suis un peu *sourde*, alors… »
En bon détective, Hector se *doit* de *comparer* les *témoignages*, c'est pourquoi il demande :

« Et Charlotte, qu'est-ce qu'elle a fait ?
– On est montées ensemble. Je suppose qu'elle est aussi allée se coucher. *À moins que*… Blanche sourit d'un air malicieux. Quelquefois, quand elle croit que je dors, elle descend retrouver son *amant* dans le jardin. Mais seulement quand Madame n'est pas là ! C'est normal, c'est de son âge ! »
Cette nouvelle information intéresse particulièrement Hector, car Charlotte n'en a rien dit. Bien sûr, c'est sa vie privée, il est normal qu'elle la tienne secrète.
Il demande :
« Et hier soir, son *amant* est venu ?
– Je ne crois pas mais je ne l'*espionne* pas, tu sais. Et puis mon film était trop intéressant. J'adore les vieux films en noir et blanc avec Bourvil.
– Vous savez qui lui donne rendez-vous ?
– Oui. Tu sais, j'entends mal mais ma vue est excellente ! Je l'ai reconnu de loin. C'est Pierre Dumaillet, il tient un restaurant à la sortie de Luzy. Pour une fois, elle *a l'air* d'être tombé sur un homme bien, pas comme d'habitude ! »

Tout en discutant, ils sont parvenus à la cuisine. Charlotte n'est plus là. Elle *doit* craindre la colère de Blanche. Hector pose la corbeille de légumes sur la table. Blanche se baisse et ramasse un morceau de tasse à café que Charlotte a oublié sur le sol. Elle comprend immédiatement ce qui s'est passé et ouvre la poubelle. Elle y *découvre* les autres morceaux.
« On ne peut pas la laisser seule une minute, cette Charlotte ! *gronde*-t-elle, furieuse. Cette *bonne à tout faire* est surtout bonne à tout casser ! »
Blanche se met rarement en colère, mais quand c'est le cas, Hector préfère quitter la pièce.

Übung 9: Finden Sie das Gegenteil und enträtseln Sie das Lösungswort!

1. peu : _ _ □ _ _ _ _ _
2. plus : □ _ _ _ _
3. derrière : _ _ _ □ _ _
4. pas assez : □ _ _ _
5. tout : _ _ □ _
6. jamais : _ _ _ _ _ □ _ _
7. ne rien dire : _ _ □ _ _ _

Hector Fervent joue au détective _ _ _ _ _ _ _.

Chapitre 3 : L'heure de la messe

Hector a déposé ponctuellement Madame la Comtesse sur le *parvis* de l'église. Au village, les services religieux sont devenus trop rares au goût de Madame qui vient donc régulièrement en ville, à Gueugnon. En Saône-et-Loire, il faut souvent faire des dizaines de kilomètres à travers la campagne pour trouver une localité importante. C'est le pays des grandes vaches blanches, des charolaises qui *broutent* dans les prés entre les collines.
Hector aussi a ses habitudes du dimanche soir. Il ne va pas à la messe, lui. Madame la Comtesse l'autorise à l'attendre au bistrot, en face de l'église. Il ne peut pas se permettre de boire de l'alcool mais il se fait servir un café. Il a déposé sa *casquette* sur la table et s'apprête à le déguster en lisant le journal, lorsqu'il reçoit une grande *tape amicale* dans le dos.
« Salut, Hector !
– Ah ! Simon, c'est toi ! Hector a reconnu son ami, le chauffeur de

taxi qui stationne toujours dans les environs de l'église en attendant un appel ou de la clientèle. Assieds-toi ! Tu *as le temps de* prendre un café ?

– Oui mais un tout petit, hein, vite fait. Je ne peux pas rester longtemps. »

Cet échange de paroles est également traditionnel. Quand Simon voit Hector arriver, il quitte aussitôt son taxi et vient le retrouver au café. Il *prétend* toujours qu'il n'a pas le temps et reste finalement une heure complète à discuter avec lui. Il peut se le permettre car il est son propre chef. De toute façon, le dimanche soir, la clientèle est rare. Mais comme il vit seul, il n'a pas envie de rentrer dans sa maison vide, il préfère travailler et voir du monde.

Il dit :

« Alors, ta princesse est à l'église ! »

Cette *dénomination* fait également partie du jeu.

« Tu sais bien que Madame d'Aubigny n'est que comtesse, répond Hector en riant. Même si parfois elle se comporte comme une princesse !

– Tu n'as pas beaucoup de temps à toi, elle t'occupe bien ! Chauffeur, jardinier, homme à tout faire, quoi !

– Oui, et cette fois-ci, j'ai un boulot tout à fait original, répond Hector en baissant la voix. Je suis détective privé ! Je mène une *enquête*. »

Simon regarde son ami comme s'il *plaisantait*.

Alors Hector lui assure :

« Si, si ! Je suis sérieux ! On lui a *volé* une centaine de bouteilles de grands crus, cette nuit, pendant que nous étions à la *réception* du juge Marceau.

– Et alors ? Laisse la police faire son boulot !

– Justement. La police ne le fait pas, son boulot ! Elle préfère nous suspecter, nous, Madame et moi. C'est beaucoup plus simple que

de chercher les vrais *coupables* ! Moi avec mon passé, je fais l'*escroc* idéal.
– Pourquoi Madame d'Aubigny te couvrirait-elle, si c'était toi ?
– L'inspecteur pense qu'elle a toujours besoin d'argent à cause de l'entretien du château. Alors on serait *complices* pour *escroquer* l'assurance !
– En voilà une idée ! Simon sait qu'Hector n'a pas toujours été *honnête*, mais il ne croit pas un instant que son ami puisse retomber dans la criminalité. Alors tu mènes vraiment ta propre *enquête* ?
– Oui, répond Hector. J'ai *interrogé* Blanche et Charlotte mais elles ne savent rien. Ce qui *m'inquiète*, c'est que, à part moi ou elles, je ne connais personne qui aurait eu l'occasion de faire faire un *double* de la clef de la cave. Je sais que moi, je ne l'ai pas fait. Il ne reste donc que les deux femmes…
– Ou ta princesse, laisse entendre Simon. Ça fait trois femmes. C'est bien elle qui a la clef, non ?
– Arrête ! Je te dis que Madame la Comtesse n'y est pour rien. »

Übung 10: Lesen Sie weiter und ergänzen Sie mit den Silben in Klammern! ***(ra, naît, te, sent, vent, nais, vait, tait, re)***

Pendant un moment, les deux hommes ne (1.) di_____ plus rien. Ils (2.) boi_____ leur café et réfléchissent en silence.

Puis Hector relance la conversation :

« Blanche s'y (3.) con_____ en vins, ça fait partie de son métier de cuisinière. Mais je ne l'ai encore jamais vu (4.) boi_____. Et je ne la crois pas capable de chercher un *complice* pour transporter les bouteilles et les revendre. De plus, elle n'a pas besoin d'argent. Pour quoi faire ? Elle n'a plus de famille. Comme je (5.) con_____ la bonté de Madame, Blanche (6.) reste_____ au château jusqu'à sa mort. Et je suis sûr qu'elle aime la Comtesse comme si (7.) c'é_____ sa propre fille. Quant à Charlotte, à mon avis, elle n'est pas assez *maligne* pour faire ça.

– Si ce n'est ni toi, ni Blanche, ni Charlotte, il ne (8.) res_____ que Madame d'Aubigny, *conclut* Simon avec *entêtement*. Elle a peut-être payé quelqu'un pour l'aider et la *réception* lui (9.) ser_____ d'alibi et à toi aussi.

– Dans ce cas elle aurait fait appel à moi et pas à un étranger ! s'exclame Hector un peu *vexé*. Elle ne laisse personne d'autre descendre à la cave.
– Ce n'est pas dit ! *rétorque* Simon. Supposons qu'elle soit vraiment au bord de la ruine, mais qu'elle ne veuille pas t'*entraîner* à *renouer* avec ton passé criminel…
– Simon ! Je te dis que c'est impossible ! Tu ne connais pas Madame la Comtesse comme je la connais ! C'est l'honnêteté même ! Je mettrais ma main au feu pour elle !
– Attention de ne pas te *brûler* ! répond Simon. Tu sais que les gens de la haute société ne sont pas tous des *anges*.
– Quand je pense que Charlotte a un *amant* ! se rappelle brusquement Hector pour changer de sujet.
– Elle n'est pas la seule, à mon avis, *rétorque* Simon en riant.
– Oui, mais le sien lui rend visite en cachette dans le parc du châ-

teau. Je me suis demandé s'il… Mais non ! Il n'entre pas dans le château, alors…
– C'est bien de la petite Charlotte Mussard, de la fille du *vendangeur*, dont tu parles ? l'*interrompt* Simon.
– Elle s'appelle Mussard, oui. Mais son père n'est pas *vendangeur*. Il se loue dans les fermes, d'après ce que je sais.
– Justement ! C'est bien lui. Martin Mussard. Un *sacré gars* ! Il est originaire du même village que moi. Je ne sais pas ce qu'il fait maintenant mais dans le temps, il se louait du côté de Baumes au moment des *vendanges* ! Il ne peut pas se payer les grands crus, lui, mais il est *imbattable* sur la question des vins, des origines, des *cuvées*. Il sait tout.
– Tu crois que sa fille a *hérité* de ses connaissances ?
– Possible. C'était son passe-temps favori. Sa fille a nécessairement beaucoup appris en l'écoutant parler.
– Pourtant elle n'en *a* pas *l'air*. Elle ne savait même pas quelle valeur avait le vin qui a disparu.
– Si c'est ce qu'elle *prétend*, tu n'es pas obligé de la croire.
– Hum… tu as raison. Et puis, son *amant* est restaurateur. Lui aussi, il *doit* s'y connaître en vins. »

Übung 11: ***Ce qui, ce qu'/que*** *oder* ***ce dont****? Setzen Sie ein!*

ÜBUNG 11 !

1. Tu crois tout ___________ on te dit !

2. Je ne sais pas ___________ lui plaît.

3. D'après ___________ disent les gens, il s'y connaît !

4. C'est ___________ j'ai besoin.

5. Ce n'est pas ___________ nous avions décidé !

6. __________ m'inquiète, ce sont les rumeurs.

7. C'est __________ elle rêve !

Soudain Hector s'*aperçoit* que les premières personnes *sont en train de* quitter l'église.
« Je me sauve, dit-il à son ami en jetant quelques pièces de monnaie sur la table pour payer les cafés. Madame la Comtesse n'aime pas que je la fasse attendre. À dimanche prochain.
– C'est ça, à la prochaine, mon vieux. Et bonne chance pour ton *enquête* !
– Merci ! Je risque d'en avoir besoin ! »

Hector roule silencieusement sur le chemin du retour. Madame d'Aubigny *est assise* à l'arrière et regarde les collines et les bois. Hector lui lance des coups d'œil dans le *rétroviseur* et observe le profil noble de la vieille dame. Il se demande si la comtesse pourrait être capable d'*escroquerie* pour sauver son château.
« Tu es bien silencieux, Hector. Tu ne m'as pas encore fait ton *rapport*. As-tu trouvé quelque chose d'intéressant ? demande brusquement celle-ci.
Surpris par la question, Hector *bredouille* :
– Euh… Non, Madame. J'ai une *piste* que je vais suivre.
– Quelle *piste*, mon bon Hector ? »
Hector rencontre le regard de la comtesse dans le *rétroviseur*. Ses yeux brillent de curiosité.
« Euh… Euh… Il hésite d'abord puis prend brusquement sa décision : Si vous le permettez, Madame la Comtesse, j'aimerais *vérifier sur place* avant de vous faire mon *rapport*. Pourrais-je disposer de la voiture, ce soir ? Je ne prendrai pas la Mercedes, je me contenterai de la *deux-chevaux*. »
La comtesse cache *à peine* sa *déception*. Elle essaie d'en savoir

plus mais Hector ne dit rien. Elle pense : « Et puis après tout, je suis trop curieuse. Il a peut-être un rendez-vous galant. »
Alors elle *cède*.
« C'est bien, Hector. Tu peux disposer de la voiture et de ta soirée, et même de la nuit », fait-elle avec un sourire malicieux.
Hector comprend le *sous-entendu*.
« Hum ! Ce n'est pas ce que vous croyez, Madame la Comtesse, dit-il, gêné. Je veux vraiment *vérifier sur place*…
– Mais je ne crois rien, mon cher Hector. Tu es bien libre d'avoir une vie privée. Mais prends la Mercedes ! ajoute-t-elle. La *deux-chevaux* a *au moins* quarante ans. Je ne voudrais pas que tu tombes en panne sur les routes de campagne en pleine nuit.
– Elle est en parfait *état* de marche », dit Hector qui le sait puisque c'est lui qui entretient le vieux *tacot*, par pur plaisir.
Il a *découvert* l'ancienne voiture couverte de *paille*, servant de nid aux poules au fond d'une *grange*. Il l'a remise à neuf et elle sert parfois à Blanche pour aller faire ses courses.
« Je préfère quand même que tu prennes la Mercedes. Je serai plus *rassurée* et puis tu feras meilleure *impression* sur la dame ! »
Hector préfère ne pas la désillusionner. Il ne veut pas lui expliquer ce qu'il a l'intention de faire cette nuit car son idée n'est pas en accord avec la *loi*. Madame la Comtesse pourrait lui refuser son appui.

Chapitre 4 : Une étiquette qui a son importance

Übung 12: Lesen Sie weiter und setzen Sie die Verben in Klammern ins Passé composé, Imparfait oder Plus que parfait!

ÜBUNG 12 !

Il (1. est) une heure du matin. Hector (2. *gare*) la voiture un peu plus bas sur la route de Luzy, où il y (3. a) peu de circulation à cette heure de la nuit. Il (4. la dissimule) entre deux arbres à l'entrée d'un pré. Il (5. est souvent passé) en voiture devant le restaurant de Pierre Dumaillet, mais toujours sans y *pénétrer*. L'*enseigne* (6. est) éteinte et les *volets* (7. sont) fermés. Rien ne (8. bouge) à l'intérieur.

1. ______________________ 2. ______________________

3. ______________________ 4. ______________________

5. ______________________ 6. ______________________

7. ______________________ 8. ______________________

Hector est venu là parce qu'il a réfléchi au problème et qu'il *imagine* bien la scène, comme s'il s'agissait d'une pièce de théâtre : Pierre Dumaillet *fréquente* Charlotte qui travaille au château. *Grâce à* son travail de servante, celle-ci a accès à toutes les pièces et aux affaires de Madame la Comtesse. Son *amant* lui demande de prendre la clef de la cave pour en faire un *double*. Puis elle *doit* la remettre à sa place dans le sac de la comtesse, sans que celle-ci ne s'en *aperçoive*. Samedi soir, Dumaillet *gare* sa voiture devant le château. Blanche ne les *dérangera* pas car elle est à moitié *sourde*. De toute manière, de sa chambre qui donne sur le parc, la cuisinière ne peut ni voir, ni entendre ce qui se passe dans la cour de devant. Les deux *complices* peuvent alors tranquillement vider la cave à vins. Ils le revendront à bon prix à des connaisseurs.

Hector est *persuadé* d'être sur la bonne *piste*. Ce qui lui manque maintenant, ce sont des *preuves*. C'est pourquoi, il s'est transformé en cambrioleur pour une nuit. Tout habillé de noir, le visage couvert de cirage, il avance silencieusement vers le local endormi. Il s'arrête. Il écoute. Rien. Dans l'obscurité, il distingue un passage qui fait le tour de la maison. Il saute par-dessus la *barrière* et se retrouve dans une cour où sont *rangés* deux grands *conteneurs* poubelles. Là seulement, il ose allumer la lampe torche qu'il a emportée. Il voit une porte donnant sur la remise derrière le restaurant, et une autre qui mène directement au *sous-sol*. C'est la direction qu'il prend. Il se dit que si le vin est ici, il est *rangé* à la cave à cause de la température. La porte de bois est fermée par un *cadenas*, mais Hector n'a aucun mal à l'ouvrir avec son couteau de *poche*. Il prend un escalier *étroit*. Il se baisse pour ramasser le petit morceau de papier qui se trouve sur la dernière *marche* et le met instinctivement dans sa *poche*. Maintenant, il est arrivé dans une grande cave, *taillée* dans la roche.

« *Mince alors !* On dirait une ancienne mine, dit Hector en éclairant autour de lui avec sa torche.

Une centaine de bouteilles sont *alignées* dans des *casiers* le long du mur du fond. Hector *se dirige vers* elles.

« Ah ! Vous voilà mes jolies ! » s'exclame-t-il à mi-voix.

Brusquement une porte s'ouvre en haut d'un deuxième escalier qu'il n'a pas remarqué jusque là.

« Qui est là ? » crie une voix masculine en colère.

« Zut ! C'est sûrement Pierre Dumaillet ! » pense aussitôt Hector.

La lampe de la cave s'allume. Hector fait demi-tour et *se met à* courir vers l'escalier qu'il a pris pour venir.

« Attrape ! » entend-il derrière lui.

Übung 13: Wie lautet der Imperativ?

1. vous/le/arrêter : *Arrêtez-le* immédiatement !

2. tu/te/regarder : ____________________ dans une glace !

3. vous/me/dire : ______________________ la vérité !

4. vous/ne pas/se laisser : ______________________ prendre !

5. vous/ne pas/lui/faire : ______________________ confiance !

6. tu/ne pas/avoir : ______________________ peur !

7. vous/ne pas/être : ______________________ triste !

Hector lance un coup d'œil par-dessus son épaule. Horreur ! Le type a envoyé un doberman à sa poursuite. Hector *glisse* et tombe dans l'escalier. Sa lampe torche roule jusqu'en bas de l'escalier et le chien s'arrête un instant pour l'*inspecter*. Ces quelques secondes permettent à Hector de grimper les *marches* restantes *à quatre pattes*. Au moment où l'animal est pratiquement sur lui, il *bondit* et se retrouve dehors, refermant la porte avec force. Comme il ne sait pas si le chien sait ouvrir les portes, il se précipite aussitôt dans la cour aux *conteneurs*. Pendant ce temps, Pierre Dumaillet est passé par le restaurant et lui bloque le passage. Le doberman est là aussi.
« C'est le diable, ce chien ! pense Hector. Il est partout à la fois ! »
Sur un geste de son maître, le doberman saute la *barrière* et s'élance à nouveau à sa poursuite. Croyant sa dernière heure arrivée, Hector fait un bond énorme et *se hisse* sur le couvercle du *conteneur* le plus proche. Le chien saute pour essayer de l'attraper. Le *conteneur* vibre dangereusement. Complètement paniqué, Hector fait tout pour rester en haut.

« Qu'est-ce que tu viens faire chez moi, crie Dumaillet, l'air amusé.

– Retenez votre chien ! » *supplie* Hector.

Mais Dumaillet ne fait rien pour calmer l'animal. Au contraire.
Il rit méchamment et sort son *portable*.

« C'est mon vin qui t'intéresse ! suppose-t-il en regardant Hector

d'un air moqueur. Tu vas voir ! La police va s'occuper de toi ! »
Comme Hector ne veut pas tomber, le chien s'est assis, surveillant le *conteneur* et attendant les ordres de son maître. Dumaillet ne connaît pas Hector et ne *fait* pas *le rapprochement* avec les gens du château. Celui-ci se dit que c'est sa chance.
« Qu'il appelle la police, pense-t-il. *Rira bien qui rira le dernier*, quand je leur dirai de regarder dans sa cave ! »
Malheureusement, lorsqu'il voit l'inspecteur arriver, Hector ne croit plus du tout en sa chance.
« N'y a-t-il donc qu'un seul policier dans toute la région ? ! se dit-il. Faut-il toujours que ce soit sur celui-là que je tombe ? »
« Ah ! Mais c'est mon grand copain Hector Fervent ! s'écrie Amédée Godillot en le reconnaissant sous le cirage. Superbe ton *maquillage* ! Je savais bien qu'on se retrouverait, toi et moi ! »
Persuadé d'avoir devant lui son voleur de grands crus, l'inspecteur ne le *vouvoie* même plus.
S'adressant au restaurateur, il explique sa présence :
« Quand les collègues m'ont parlé d'un cambrioleur dans ta cave à vins, j'ai décidé de venir moi-même ! J'avais déjà une affaire du même genre à *élucider*. Il se tourne à nouveau vers Hector et ordonne : Descends de là ! »
Hector ne réagit pas. Il lance un regard méfiant vers le doberman qui le surveille.
Voyant cela, l'inspecteur rit et dit à Pierre Dumaillet :
« Pierre, retiens ton chien, notre cambrioleur a peur ! »
« Ce n'est pas bon signe pour moi qu'ils se connaissent et se *tutoient*, pense Hector. Il ne voudra jamais me croire ! »
Comme Dumaillet a enfermé son chien dans la remise, Hector se laisse enfin *glisser* le long du *conteneur*.
« Bon, à nous deux, maintenant ! » dit l'inspecteur en lui passant les *menottes*.

Hector est *interrogé* dans le *bureau* de l'inspecteur.
Amédée Godillot, heureux de sa réussite, croit connaître toutes les réponses et n'écoute pas les explications de son prisonnier.
« Tu as été pris *en flagrant délit*, je ne vois pas ce que… Quelqu'un frappe à la porte. Qu'est-ce que c'est ? » crie-t-il sur un ton énervé.
« C'est Madame La Comtesse d'Aubigny ! annonce un jeune policier.
– Ah ! Très bien. Fais-la entrer ! » ordonne l'inspecteur avec un mauvais sourire.
La comtesse pénètre avec noblesse dans le *bureau*. Elle lance un regard surpris à Hector qui a toujours le visage noir de cirage.
Celui-ci n'est pas moins étonné de la voir, elle.
Il demande :
« Comment êtes-vous venue, Madame la Comtesse ? Qui vous a conduite ?
– Quand l'inspecteur Godillot m'a appelée pour me dire qu'on t'avait arrêté, j'ai pris la *deux-chevaux* », explique la comtesse.
Hector croit rêver.
« Vous ? Mais Madame la Comtesse, vous ne savez pas…, vous n'avez pas de… *bredouille*-t-il.
– J'aime profiter des services de mon chauffeur, avoue la grande dame. Mais j'ai mon *permis*, *imagine*-toi ! ajoute-t-elle avec un air malicieux. Puis se tournant vers l'inspecteur, elle demande :
– Pouvez-vous m'expliquer ce que signifient ces *accusations ridicules* ? »

ÜBUNG 14 !

*Übung 14: **Quand** oder **si**? Kreuzen Sie an!*

1. ☐ quand ☐ si
... l'inspecteur a appelé, j'ai décidé de prendre la deux-chevaux.

2. ☐ quand ☐ si
... Hector n'avait pas peur du chien, il ne fuirait pas.

3. ☐ quand ☐ si
... vous arrêtez le voleur, prévenez-moi !

4. ☐ quand ☐ si
... le cambriolage a eu lieu, nous étions à une réception.

5. ☐ quand ☐ si
... je descendrai à la cave, je choisirai une bonne bouteille.

Amédée Godillot espérait une toute autre réaction de la part de la comtesse. Il se demande comment elle peut être aussi *butée*.
« Des *accusations ridicules* ! ? s'exclame-t-il. Regardez votre homme de confiance ! On l'a surpris dans la cave du restaurant de Pierre Dumaillet, ici présent. »
La comtesse se retourne et *découvre* un troisième homme qui n'a encore rien dit. Et pour une bonne raison : si elle ne le connaît pas, Dumaillet, lui, l'a reconnue et il *découvre* avec stupéfaction que son cambrioleur appartient au personnel du château.
« C'est bon, allez, Amédée ! dit-il soudain. Je ne *porte* pas *plainte*. Il n'*a* pas *eu le temps de voler* mon vin et mon chien lui a fait la plus belle peur de sa vie. Je crois qu'on peut en rester là !
L'inspecteur, *stupéfait*, riposte aussitôt :
– Ah non ! Pas question, Pierre. On l'a pris *en flagrant délit*. Je veux mettre ce criminel en *prison* et pour cela, il faut que tu *portes plainte* ! L'occasion est trop belle ! »
L'idée d'être ainsi remis en liberté ne plaît pas non plus à Hector. Il craint que Madame la Comtesse le croie *coupable* de cambriolage, peut-être même du vol de ses bouteilles de grands crus. De cette

manière, son innocence ne serait pas *prouvée*.
Il déclare :
« Je n'ai absolument rien fait de mal ! Je menais une *enquête* ! dit-il en regardant la comtesse droit dans les yeux. Et j'aimerais qu'on *vérifie* à qui appartiennent les bouteilles qui se trouvent actuellement dans la cave de Pierre Dumaillet. À mon avis, il s'agit du vin *volé* au château.
– Tu as des *preuves* pour ce que tu avances, demande la comtesse, prudente.
– C'est l'*amant* de Charlotte, dit Hector en désignant Dumaillet d'un signe de tête. Je pense qu'elle l'a aidé à faire un *double* de la clef et qu'elle est sa *complice*.
– Charlotte ? ! »
Sur le coup de la surprise, la comtesse tombe assise sur une chaise.
« Je connais Pierre Dumaillet, s'exclame l'inspecteur Godillot. Il a une excellente réputation. Son « bœuf bourguignon » est un vrai délice, ajoute-t-il comme si cela l'élevait automatiquement au-dessus de tout *soupçon*. Il n'a rien d'un *escroc*, lui !
– Cela ne coûte rien d'aller voir dans sa cave, propose la comtesse.
– Sans *mandat de perquisition*, vous ne mettrez pas les pieds chez moi ! » s'écrie brusquement le restaurateur.
Cette réaction surprend même l'inspecteur Godillot qui le regarde bizarrement.
« C'est vrai qu'il faut un mandat, murmure-t-il pensivement. Et sans raison valable…
– Attendez ! s'exclame alors Hector en *fouillant* dans sa *poche*. Regardez ce que j'ai trouvé sur les *marches* de sa cave.
Il sort le papier jauni et poussiéreux.
– Fais voir ! fait la comtesse en tendant la main. Mais c'est l'étiquette de mon Champagne Krug de 1964 ! Je la reconnais ! Je ne crois pas qu'il y en ait beaucoup dans la région, à 2500 euros la

bouteille ! Elle se tourne vers l'inspecteur Godillot. La voilà votre *preuve…* »

Se voyant *découvert*, Pierre Dumaillet *bondit* en direction de la porte. Hector a le réflexe de tendre une jambe, le restaurateur perd l'équilibre et tombe de tout son long. Il veut se relever mais l'inspecteur Godillot est plus rapide. Il l'attrape par un bras et lui *fait une prise* dans le dos. Il lui *passe* rapidement *les menottes*.

« Dommage, Pierre, dit-il. Surtout pour ton « bœuf bourguignon ». Mais la *loi*, c'est la *loi* ! »

Madame la Comtesse n'a pas bougé. Elle a un sourire satisfait.

Übung 15: Ergänzen Sie die fehlenden Buchstaben und finden Sie das Lösungswort!

La sur□rise d'Hector est énorm□ quand il app□end que la co□tesse a pris la deux-chevaux pour ven□r à □on aide en pleine nuit.

Hector ne savait pas qu'elle avait le _ _ _ _ _ _ _ de conduire.

Quelques temps plus tard, la comtesse d'Aubigny *est assise* à l'arrière de la Mercedes et se laisse conduire.

Brusquement, elle demande :

« Hector. Pourquoi as-tu *soupçonné* Charlotte et Pierre Dumaillet ?

– Je me suis demandé pourquoi Charlotte faisait l'idiote quant à la valeur des bouteilles qui avaient disparu de votre cave. C'était bizarre car son père lui avait certainement tout appris à propos des vins et de leurs origines. C'est sa spécialité. Et puis j'ai appris qu'elle était la *maîtresse* de Pierre Dumaillet.

– Il a déclaré que son restaurant allait mal et qu'il espérait attirer de la clientèle de choix avec les grands crus qu'il m'avait *volés*. Tu crois que cela aurait pu fonctionner ?

– Je ne sais pas. Un genre de marché noir du vin, peut-être. Il existe toujours des connaisseurs qui sont prêts à payer des sommes énormes pour avoir des choses rares, même si c'est de façon illégale. Et vos grands crus sont rares.

– Cela me *fait de la peine* pour Charlotte. Elle est encore une fois tombée sur un drôle de type. Elle est tellement faible !

– Si vous voulez mon avis, Madame la Comtesse, Charlotte n'est ni idiote, ni faible. Elle est beaucoup plus *maligne* que vous ne l'*imaginez*. Elle a même pensé à mettre des gants pour éviter de laisser des *empreintes*, alors !

– Hum, tu as peut-être raison », avoue la comtesse.

Puis repensant à la *deux-chevaux*, Hector dit :

« Cet après-midi, j'irai rechercher la voiture avec Blanche. Quand je pense que vous êtes venue toute seule à mon secours, en pleine nuit avec ce vieux *tacot* ! Je n'arrive pas à le croire.

– Tu m'as dit qu'elle était en excellent *état* de marche, et tu sais que je *te fais* toujours *confiance*, même quand tu te déguises en cambrioleur au visage plein de cirage ! La comtesse rit. Et puis, il faut avouer que je ne saurais plus comment faire sans toi ! Mon chauffeur, mon jardinier, et maintenant mon détective privé ! Tu es *irremplaçable* !

– Merci Madame la Comtesse. Et vous, vous me surprendrez toujours ! » s'exclame Hector plein de *reconnaissance*.

INSPECTEUR DUMOULIN : LE LAPIN DANS LE CHAPEAU

Rosemary Luksch

Chapitre 1 : Élise a disparu

Monsieur le *Maire* vient d'entrer dans la salle des fêtes en compagnie de sa femme et de ses deux enfants. L'air important, le magistrat rend des saluts à droite et à gauche et *dirige* sa famille vers les places qui leur sont réservées juste devant l'*estrade*. Il attend que son épouse ait pris place puis s'assied en lui murmurant :
« Le spectacle va commencer dans un instant ».
Son fils, Marc, cinq ans et sa fille, Géraldine, huit ans, *se réjouissent* de voir le Grand Oscar Melchior dont les affiches couvrent les murs de la ville depuis quelques temps. Mais c'est surtout le lapin blanc sortant du chapeau du magicien qui les intéresse. Et pour une fois, monsieur le *Maire* a abandonné son travail et les accompagne. Le spectacle arrive à son *point culminant*. Un coup de *baguette magique*, un nuage de *fumée* bleue : le Grand Melchior vient de faire disparaître le lapin blanc dans le chapeau noir. Brusquement un homme *cagoulé bondit* sur l'*estrade*. Il arrache le chapeau des mains du *prestidigitateur* et disparaît en l'emportant. La scène n'a duré que quelques secondes. D'abord le public surpris ne réagit pas. Puis il pense qu'il s'agit d'une *farce* faisant partie du spectacle et les gens commencent à applaudir en riant. Mais le Grand Melchior reste là, sans faire un geste. Alors les spectateurs réalisent enfin qu'il s'agit bien d'un vol. Cela *déclenche* un *brouhaha* de cris *indignés*. Quelques hommes se précipitent dehors à la poursuite du voleur mais il est trop tard. Celui-ci a profité de la stupéfaction générale pour disparaître sans laisser de *trace*.
« Qui était le monsieur, papa ? demande Marc.

Monsieur le *Maire*, ennuyé, *bredouille* :
– Euh… Un *méchant*, mon chéri.
– Un voleur, précise Géraldine qui est grande, elle.
Marc ne se satisfait pas de cette réponse.
– Pourquoi est-ce qu'il a pris le chapeau ? Et le lapin, il est où ?
– Ne *t'inquiète* pas, lui répond sa grande sœur sur un ton protecteur. Le lapin avait disparu, avant qu'il *vole* le chapeau.
– Ah », fait le petit garçon un peu *rassuré*.
Il regarde sur l'*estrade* dans l'espoir d'y *découvrir* le lapin blanc.

! ÜBUNG 1

Übung 1: Trennen Sie die Wörter und ordnen Sie sie dem richtigen Artikel zu!

baguettebrouhahamagicienstupéfactionestradespectacle

1. la ____________________ 2. le ____________________

3. le ____________________ 4. la ____________________

5. l' ____________________ 6. le ____________________

Monsieur le *Maire* voit que deux policiers entourent le *prestidigitateur* qui s'agite dans tous les sens, complètement *hors de lui*. Le *maire* lui-même est furieux. Il demande à sa femme de rentrer avec les enfants pendant qu'il compose un numéro de téléphone sur son *portable*. C'est un appel privé.
« Ah Dumoulin, c'est toi ! J'ai un service à te demander. »
Le *maire* explique à son ami inspecteur ce qui vient de se passer.
« Oui je sais que c'est dimanche, mais j'aimerais que ce soit toi qui t'occupes de cette histoire. Je veux être sûr que l'on poursuive sérieusement ce type, même s'il ne s'agit que d'une mauvaise

blague. Je ne tolérerai pas qu'on me *gâche* mon dimanche en famille… De plus, ce vol *débile* a eu lieu devant les yeux de mes enfants ! Tu parles d'un exemple ! Je veux pouvoir leur dire qu'on a *puni* le *coupable*… Oui. Je sais que ce n'est pas le genre d'*enquête* que tu as l'habitude de mener mais… Je *te fais confiance*, vois ce que tu peux faire… Je te remercie ! »
Dumoulin est son ami et le meilleur inspecteur qu'il connaisse. Cela lui fait plaisir qu'il ait accepté d'*élucider* cette drôle d'histoire. Il voit le petit groupe de personnes qui s'est formé autour du magicien sur l'*estrade* mais il n'a pas envie de les *rejoindre*. Les policiers s'occupent du *prestidigitateur* qui pleure, il ne sait pas pourquoi. Il décide d'aller retrouver sa famille et de *consoler* ses enfants.

Quand l'inspecteur Dumoulin arrive sur les lieux, il y retrouve son assistant Roland Delpierre à qui il a téléphoné depuis sa voiture. Il y *découvre* également le grand magicien qui pleure à grosses larmes la perte de sa chère Élise.
« Quelqu'un est mort ? demande Dumoulin à l'oreille de son assistant. Le *maire* m'a dit qu'il s'agissait du vol d'un chapeau, pas qu'il y avait une *victime*.
Roland a un petit rire :
– Élise, c'est sa lapine blanche. Elle n'est pas morte, elle était dans le chapeau…
– Ah ! De mieux en mieux ! Cette affaire est vraiment *ridicule* ! Me voilà à la recherche d'une lapine kidnappée, maintenant !
– Cela m'étonne aussi que vous vous occupiez d'une bagatelle pareille, Inspecteur !
– Le *maire* est un ami. C'est lui qui m'a prié de venir. Je ne pouvais pas lui dire non.
– Je comprends. Question de prestige, je suppose.

– Je crois qu'il veut surtout qu'on arrête le *coupable* à cause de ses enfants qui ont été *témoins* du vol. Sans compter qu'il est furieux que le spectacle ait été *gâché*.

Roland montre dans la direction du *prestidigitateur*. Et lui, c'est…

– Oui, je sais ! Le Grand Oscar Melchior, son nom est affiché sur tous les murs de la ville ! »

L'inspecteur observe les *témoins* du « drame » qui discutent par petits groupes ici et là.

« Roland, tu prends leur *témoignage* et tu les renvoies chez eux. Et il ajoute sur un ton légèrement moqueur : Pendant ce temps-là, moi, j'*interroge* le Grand Melchior ».

Dumoulin a horreur de voir pleurer un homme surtout pour des *bêtises*.

« Pleurer pour un lapin, marmonne-t-il ! Si encore c'était sa femme ou sa fille ! Mais une lapine ! Non, vraiment ! »

ÜBUNG 2 !

Übung 2: Wie lauten die Sätze im Singular?

1. Ils saluent les nouveaux arrivants.

____

2. Vous connaissez ces beaux animaux ?

Tu ______________________________________

3. Ce sont de vieux artistes.

____

4. Vous parlez de ces hommes.

Tu ______________________________________

5. Ces voitures appartiennent à mes amies.

---

6. Quand les lapins ont mal aux yeux, ils mangent des carottes.

L'inspecteur *s'approche du* magicien et se présente. Aussitôt celui-ci lui attrape le bras et *se met à* le secouer hystériquement.
Il crie presque :
« Vous allez me la retrouver, dites ? Le chapeau m'est égal. Mais Élise, il faut la retrouver à tout prix ! Elle est *irremplaçable*, vous comprenez ! IR-REM-PLA-ÇA-BLE ! »
Dumoulin considère avec irritation la main du magicien *agrippée* à son bras. L'autre remarque son regard et le *lâche* en marmonnant une excuse.
« Nous *ferons de notre mieux*, lui assure alors l'inspecteur. Racontez-moi exactement ce qui s'est passé ! »
Melchior sèche ses larmes avec un grand *mouchoir*. Il raconte :
« Je venais de faire disparaître Élise, vous savez, ma lapine… Elle était dans le chapeau quand un individu *cagoulé* s'est précipité sur l'*estrade*, les a pris et s'est enfui. Je ne sais rien de plus… Il secoue tristement la tête puis reprend : D'abord, personne n'a compris ce qui se passait. Les spectateurs étaient aussi *stupéfaits* que moi et ils n'ont rien *entrepris* pour l'arrêter. Ils ont même applaudi, vous vous rendez compte ? »
Dumoulin *hoche la tête*, se forçant à rester sérieux.
« Pourvu qu'Élise ne finisse pas à la casserole », se dit-il.
Mais il préfère garder ses réflexions pour lui-même et demande au magicien :
« Vous pourriez me décrire cet homme ?
Melchior hésite un instant.

– Tout ça s'est passé tellement vite. Il était *cagoulé* et portait un de ces *survêtements* gris comme les sportifs, et aussi des baskets. Quant à son âge, difficile à dire.
– Pas de moustache, pas de barbe, pas de lunettes ?
– Non, je ne crois pas. Mais avec la cagoule, comment savoir…
– En effet. Et son *allure* ?
– Un grand *gars* plutôt *costaud*. À mon avis c'est un sportif vu la façon dont il a *bondi* sur l'*estrade*. »
L'inspecteur ne veut rien laisser au hasard. Avec un sourire en coin à l'adresse de Roland qui vient de le *rejoindre*, il demande si Élise est facilement reconnaissable, elle aussi.
Le magicien *soupire* tristement.
« Oui. C'est une adoraaaable lapine angora blanche avec les oreilles tombantes et une petite tache rose sur le nez. »
« Ce Melchior parle de sa lapine comme d'une bien-aimée », se dit l'inspecteur.
Sur le ton le plus sérieux possible, il demande :
« Vous vous connaissez des *ennemis* ou des concurrents mécontents ?
Le magicien prend le temps de bien réfléchir avant de répondre :
– Hum. Des *ennemis*, non, pas *que je sache* ! Par contre, j'ai bien un concurrent qui pourrait *m'en vouloir*. Je viens de *conclure* un contrat que… Il secoue la tête : Mais non vraiment, Inspecteur, cette idée est *ridicule* !
L'inspecteur *insiste* :
– Dites toujours, on ne sait jamais !
– Avec ce nouveau contrat, je vais travailler pour l'agence TousArts qui loue des artistes sur demande. Cela signifie une certaine *régularité* dans le travail et l'assurance d'avoir des *engagements*. Marco La Malice est *prestidigitateur* comme moi. Il aurait voulu, lui aussi, travailler pour cette agence.

Melchior *se mouche* à nouveau bruyamment avant de continuer ses explications :
– Les temps sont durs, vous savez. C'est comme partout. Et c'est *grâce à* Élise que j'ai eu le contrat. Avec ma lapine, j'avais un petit plus que mon concurrent n'avait pas. Mais il faut aussi avouer que je suis un bien meilleur *prestidigitateur* que lui ! ajoute le magicien en *redressant* fièrement la tête. Même sans Élise !
L'inspecteur ignore *volontairement* la remarque de l'artiste.
– Donc, sans Élise, vous êtes moins intéressant pour l'agence, résume-t-il. Vous ne lui faites plus de concurrence.
Oscar Melchior *hausse les épaules*.
– C'est possible, bien sûr. Il ne m'aime pas beaucoup et moi, il m'*impressionne*. Mais, je ne crois pas qu'il ferait une chose pareille. Pas entre *confrères* ! »
Dumoulin sait que justement entre collègues, tout est possible. Il se dit que la solution de cette *énigme* bizarre est peut-être toute simple, finalement.
Brusquement, Melchior déclare :
« Si vous allez voir Marco La Malice, vous verrez ! C'est un type bizarre. Moi, il me fait froid dans le dos ! »
Dumoulin se tourne vers son assistant et lui dit :
« Roland, est-ce que les *témoins* t'ont appris quelque chose de nouveau ? Est-ce que quelqu'un a reconnu l'individu ?
– Non, rien. Ils ont tous cru à une *blague*. C'est pour cela que personne n'a réagi.
– Je me demande bien quel genre de type kidnappe un lapin ! réfléchit l'inspecteur à voix haute.
– Ce n'était peut-être pas précisément le lapin qui était *visé*, remarque Roland. Je crois plutôt à une *blague*, moi aussi. Ou alors un fétichiste qui collectionne les chapeaux de magicien et qui ne s'attendait pas à y trouver la lapine.

– Hum. Je ne sais pas… Cela ressemble bien à une *vengeance* ou quelque chose dans ce genre. Bon, en attendant, je vais voir ce Marco La Malice qui me paraît être le *suspect* idéal. La *jalousie* entre *confrères* fait parfois perdre la tête. »

Roland fait mine de le suivre.

« Non, Roland. On est vraiment trop : deux sur cette affaire ! Tu rentres au poste de police et tu fais ton *rapport*. Après, tu peux profiter du reste de ton dimanche et nous nous retrouvons demain matin au *bureau*. »

Roland a la mine *déçue*. Il préfèrerait accompagner l'inspecteur mais en bon policier, il ne discute pas ses ordres.

« D'accord, Chef », dit-il *à contre cœur*.

! ÜBUNG 3

Übung 3: Unterstreichen Sie das nicht in die Reihe passende Wort!

1. spectacle, affiche, lapin, public, chapeau
2. commencer, réagir, durer, terminer, continuer
3. cris, rumeur, bruit, brouhaha, silencieux
4. baguette, chapeau, lapin, disparaître, magicien
5. important, moqueur, hystériquement, irremplaçable
6. arriver, rester, tomber, renvoyer, entrer
7. prestidigitateur, agence, engagement, énigme, contrat

Chapitre 2 : Drôle d'affaire

Une heure plus tard, La Malice reçoit l'inspecteur chez lui. L'appartement est décoré de lourdes *tentures* dans les tons rouge, violet et *or*. Bien que dehors le soleil du mois de juillet brille de tous ses feux, la pièce est plongée dans la *pénombre*. Les yeux verts du

magicien ont quelque chose de *félin*, comme s'il était habitué à voir la nuit. De plus l'homme se déplace silencieusement comme un chat. L'inspecteur ne se *sent* pas bien dans cette atmosphère. Il explique rapidement au magicien la raison de sa venue et lui demande s'il a un alibi pour l'heure de la disparition de la lapine.
À peine surpris par la question, le magicien répond avec un drôle de sourire :
« Non, je me trouvais chez moi à cette heure-là.
– Vous étiez seul ?
– Non, pas vraiment. J'avais *invité* Mozart.
– Mozart ?
Le magicien rit :
– Exactement. Mais il ne pourra pas me servir d'alibi, il est mort depuis longtemps, précise-t-il sur un ton moqueur, comme si l'inspecteur ne savait pas qui était Mozart. Pour me détendre et me concentrer, j'ai l'habitude d'écouter de la musique classique.
– Dans ce cas-là, Mozart n'est pas un bon alibi, *rétorque* Dumoulin l'air sérieux. Quels sont vos *rapports* avec votre collègue, Oscar Melchior ?
– C'est lui qui m'accuse ? s'étonne La Malice.
– Il ne vous accuse pas, corrige Dumoulin. Mais cette histoire est tellement étrange. Il paraît que vous étiez concurrents pour un *engagement* ?
Le magicien regarde droit devant lui et ne répondant pas immédiatement à la question de l'inspecteur, il lance :
– Kidnapper Élise, c'est une idée originale…
– Ah ! Vous connaissez le nom de la lapine ?
– Évidemment ! Comme tous mes *confrères*. Je m'étonne que la police prenne le temps de poursuivre des voleurs de lapin. Mais bon ! Pour en revenir à cette histoire de contrat, en effet, l'agence TousArts cherchait un magicien. Et entre nous, Monsieur L'Ins-

pecteur, je suis un bien meilleur *prestidigitateur* que Melchior…

– Tiens, j'ai déjà entendu cette phrase-là quelque part, dit ironiquement Dumoulin.

– C'est surtout le lapin dans le chapeau qui a décidé l'agence en la *faveur* de mon *confrère*. Ce numéro est un classique mais il plaît toujours. Le magicien fait une pause. Comme l'inspecteur garde le silence, il continue, l'air irrité : *Quoiqu'il en soit*, ce n'est pas une raison suffisante pour *en vouloir à* Melchior. Nous nous sommes présentés tous les deux, il a été choisi. *Tant mieux* pour lui ! »

« Hum, se dit l'inspecteur. Toi mon *gars*, tu n'es pas aussi *indifférent* que tu veux me le laisser entendre ! »

! ÜBUNG 4

Übung 4: Übersetzen Sie die Verben in Klammern und schreiben Sie die richtige Form im Präsens!

1. Ils (vorstellen) ______________ leur spectacle.
2. Nous (sehen) ______________ un homme sauter sur l'estrade.
3. Vous (applaudieren) ______________.
4. On (lachen) ______________ de la bonne blague.
5. Le voleur (verschwinden) ______________ aussitôt.
6. Ils (lassen/machen) ______________ sortir les spectateurs.
7. Nous (verstehen) ______________ que le spectacle est terminé.
8. Il (entführen) ______________ le lapin.

Après une courte pause pendant laquelle il réfléchit, l'inspecteur demande sur un ton chargé de *sous-entendus* :

« Donc vous ne faites pas disparaître de lapin, vous ?
– Ni lapin, ni chapeau ! répond La Malice. Non, Inspecteur, sérieusement ! Qu'est-ce que je ferais d'un lapin ? D'abord, moi, ce sont plutôt les *tourterelles* qui me plaisent. Il y a quelques temps, j'en avais une dans mon numéro. Elle s'appelait Froufrou.
– Ah ! Vous en parlez au passé ?
– Oui. Elle est morte de vieillesse, à douze ans !
– Vous n'en prenez pas une jeune ?
– J'étais trop habitué à Froufrou. De toute façon, j'en ai marre de toujours *devoir me disculper*.
– Pourquoi *vous disculper* ?
– Il y a des écologistes fanatiques qui nous mènent la vie dure. Je recevais des lettres de menaces. Un de ces types me reprochait de faire souffrir ma *tourterelle* parce qu'elle était enfermée. Mais c'est vrai qu'avec elle, les *engagements* pleuvaient.
– Vous avez gardé ces lettres de menaces ? Ça pourrait être une *piste*, demande l'inspecteur.
– Non, je *m'en* suis *débarrassé* mais je me souviens du texte de la dernière.
La Malice récite de mémoire :
« La *loi* interdit de *maltraiter* les animaux. Un bon conseil, La Malice, remet ta *tourterelle* en liberté sinon c'est moi qui le ferai ! »
– Et les lettres étaient signées ?
– Oui. D'un nom d'insecte, je ne me souviens plus… La *fourmi*, ou La *libellule*, quelque chose comme ça. Je n'ai pas pris ce fou au sérieux. De toute façon, le problème s'est réglé de lui-même avec la mort de Froufrou. »
L'inspecteur *approuve* de la tête.
« Un insecte, *répète*-t-il à mi-voix, certainement un pseudonyme ou un *surnom*. »

ÜBUNG 5 !

Übung 5: Lesen Sie weiter und unterstreichen Sie das passende Adjektiv!

Dumoulin *fait le point* mentalement. La Malice a un mobile et de plus, il n'a pas d'alibi. Ce *prestidigitateur* est (1.) content/frustré à cause du contrat (2.) manqué/gagné et il est (3.) souple/dur comme un chat, donc très certainement (4.) sportif/actif. Malheureusement, sans raison (5.) amusante/suffisante et sans mandat, l'inspecteur ne peut pas *perquisitionner* dans l'appartement. À (6.) première/seconde vue, il n'y a aucune *trace* ni de l'animal, ni du chapeau, mais cela ne veut rien dire. Comme Dumoulin ne peut rien faire de plus pour le moment, il quitte La Malice en lui ordonnant de rester à sa *disposition*.

« Mais bien sûr, Inspecteur, promet celui-ci en le fixant de ses yeux de chat. Vous pouvez compter sur moi. Ces temps-ci, ce sont les lapins (7.) lents/blancs qui disparaissent, pas les magiciens ! »

L'inspecteur ne sait pas si La Malice est *coupable* ou *innocent*, mais il lui est antipathique et il se promet de le garder à l'œil.

Le lendemain matin Dumoulin passe au *bureau*. Il y retrouve Roland Delpierre.

« Dis-moi, Roland ! Un écologiste fanatique avec un nom d'insecte, du genre *Fourmi* ou *Libellule*, ça te dit quelque chose ? Je pense que c'est un *surnom*. Un type qui *doit* déjà avoir fait parler de lui…

– On dirait une *devinette*, dit Roland en se grattant la tête. Non, ça ne me dit rien. Mais je peux *vérifier* s'il y a quelque chose sur lui dans nos *fichiers*. S'il a déjà été arrêté, je retrouverai ses *traces*.

– D'accord ! Tu t'occupes de ça. Moi je vais à la *SPA*. Avec un peu de chance, le lapin y sera. Sinon, ils auront peut-être une idée pour ce type. »

Übung 6: Markieren Sie mit richtig ✔ oder falsch – !

1. Le maire est présent au spectacle avec sa femme et ses petits-enfants. ☐
2. Il sort souvent en famille le dimanche. ☐
3. On ne pouvait pas voir le visage du voleur. ☐
4. La foule s'est aussitôt précipitée à la poursuite du voleur. ☐
5. Le maire demande à son ami de mener l'enquête. ☐
6. Roland Delpierre interroge le magicien. ☐
7. La lapine disparue se prénomme Élise. ☐
8. Élise est morte. ☐

Chapitre 3 : Devinette

Dumoulin arrive à la *SPA* et entend immédiatement les *aboiements* des chiens enfermés dans les *chenils*. Il passe par la *grille* ouverte et *se dirige vers* un bâtiment *en préfabriqué* qui sert de *bureau*.
À l'intérieur une femme aux cheveux gris jaunâtres d'un âge indéfinissable s'affaire, le nez perdu dans ses dossiers.
L'inspecteur se présente en montrant sa carte de police :
« Bonjour Madame, je m'appelle Dumoulin. Inspecteur de police.
La dame relève la tête et fait *glisser* ses lunettes sur son *front*.
– La police, *répète*-t-elle d'un air surpris.
Elle prend la main que lui tend l'inspecteur et se présente à son tour :
– Marguerite Coursier. Je suis la directrice de ce centre. Mais que nous veut la police ?
– Je suis à la recherche d'un lapin blanc, dit aussitôt l'inspecteur pour la *rassurer*.
La directrice se *trompe* sur le sens de ces mots.

– Ah ! Si vous voulez adopter un lapin, je peux vous en proposer un gris. Il est très mignon. Mais je n'en ai pas de blanc pour le moment.
L'inspecteur rit et corrige :
– Ce n'est pas d'une adoption dont il est question mais d'un avis de recherche. »
La femme le fixe étrangement, se demandant si cet inspecteur ne serait pas un peu fou par hasard. Remarquant sa mine *soupçonneuse*, celui-ci décide de lui raconter l'affaire.
« Depuis quand la police attache-t-elle autant d'importance au kidnapping d'une lapine ? dit finalement la directrice, étonnée.
– C'est une longue histoire, un peu personnelle, répond Dumoulin. Donc, on ne vous a pas apporté de lapin blanc, ces derniers temps. J'espérais que le type aurait choisi ce moyen pour *se débarrasser d'*Élise.
– Élise ! La dame sourit. Joli nom pour une lapine. Mais non, aucun lapin blanc. Désolée.
– Dommage. »

ÜBUNG 7 !

Übung 7: Passé composé oder Imparfait? Unterstreichen Sie die richtige Variante!

1. Quand l'inspecteur est entré/entrait, la femme s'est affairée/s'affairait dans le bureau.
2. Elle a pris/prenait la main que l'inspecteur lui a tendue/tendait.
3. Dumoulin a pensé/pensait que la lapine s'est trouvée/se trouvait à la SPA.
4. Comme la femme n'a pas eu/n'avait pas de lapin blanc elle lui a proposé/proposait un lapin gris.
5. Elle lui a expliqué/expliquait que l'animal a été/était très câlin.

6. Dumoulin a ri/riait parce que la directrice a cru/croyait un instant qu'il a voulu/voulait adopter un lapin.

L'inspecteur regarde les photos d'animaux, des lions, des tigres, un éléphant, qui sont affichées au mur derrière la directrice et titrées : « Non aux animaux de cirque ! *Pétition* pour une interdiction européenne. »

Une autre affiche, montrant des singes avec des électrodes sur la tête, dénonce la *maltraitance* des animaux dans les laboratoires et *invite* les gens à réagir et à *se battre*.

Madame Coursier suit son regard et déclare :

« Comme vous voyez, nous sommes très actifs dans ce domaine. Notre association *combat* la captivité des animaux dans les cirques et dans les laboratoires. Vous n'*imaginez* pas combien les humains peuvent être *cruels* !

– Oh si ! la *contredit* l'inspecteur. Dans mon métier, vous savez…

– Oui, bien sûr. Le travail de policier ne *doit* pas être rose tous les jours.

Dumoulin questionne alors au hasard :

– Votre action comprend-elle les lapins et les *tourterelles* des magiciens ?

La femme hésite avant de répondre :

– Euh, oui, peut-être, quand cela devient nécessaire. Pour le moment, je ne connais pas de cas précis. »

L'inspecteur sait que certains *militants* écologistes sont *connus* pour leurs actions parfois bizarres.

« Est-ce que vous connaissez un *dénommé* La *Fourmi* ou *Libellule*, demande-t-il alors. Un écologiste fanatique avec un nom ou un *surnom* d'insecte ?

Mme Coursier fait un signe négatif de la tête :

– Je ne connais personne de ce nom. Il n'est pas *membre* de notre association, *en tout cas*. Puis elle ajoute : Mais vous savez, je ne suis pas directrice de ce centre depuis longtemps. »

Un homme passe brusquement la tête par l'ouverture de la porte et annonce :

« Marguerite, j'ai fini de donner à manger aux chiens. Je me sauve ! J'ai un rendez-vous chez le dentiste.

– D'accord, Philippe. Ah attends ! Tu es là depuis plus longtemps que moi, tu ne connaîtrais pas un certain *Libellule* ou quelqu'un avec un nom d'insecte, par hasard ?

Philippe ouvre la porte toute grande et se tenant dans l'entrée, il dit :

– *Libellule*, non. Mais je connais un *Papillon*… Marguerite le regarde, surprise. Alors il ajoute : Mais si ! Je t'en ai déjà parlé ! Tu ne te souviens pas ? C'est le *gars* à qui on a demandé de quitter l'association, il y a trois ans. Un vrai *cinglé*. Il nous faisait une très mauvaise réputation, toujours mêlé à des actions tout à fait idiotes. Son *surnom*, c'est *Papillon* parce qu'il a un *papillon* de tatoué sur le bras. Mais en fait, il s'appelle Paul Pontaucaille. »

L'inspecteur note le nom sur son carnet.

« Et à quoi ressemble-t-il ? demande-t-il à Philippe en levant sa carte de police.

– Il est grand, *costaud*, les cheveux très courts, *grisonnants*…

– Sportif ?

– Oui, il s'*entraîne* sur son terrain pseudo militaire. Il *répète* toujours qu'il veut être prêt à toute éventualité. Pourquoi ? On lui reproche quelque chose ? demande-t-il à son tour, puis sans attendre la réponse, il ajoute : Entre nous, ça ne m'étonne pas ! »

L'inspecteur lui explique rapidement de quoi il s'agit.

La directrice remarque :

« Cette action bizarre collerait bien avec le personnage !

Philippe acquiesce :

– Oui, c'est tout à fait son style.
Il regarde sa montre.
– Bon, si vous n'avez plus besoin de moi… Il faut que j'y aille ! Je vais être en retard à mon rendez-vous.
– Oui, allez-y ! répond Dumoulin. Et merci. Vous m'en avez appris plus que je n'espérais. »
L'inspecteur prend congé de madame Coursier en la remerciant également.

Übung 8: Geben Sie die passende negative Antwort!
(ne … pas, ne … plus, ne … jamais, ne … pas encore, ne … ni, ni)

1. Est-ce que je vais **encore** trouver de la place ?

Non, tu *ne vas plus trouver de place.*

2. Tu as **déjà** vu mon spectacle ?

Non, je ______________________________

3. Vous aimez nos magiciens **et** nos illusionnistes ?

Non, je ______________________________

4. Tu as **encore** des billets d'entrée pour moi ?

Non, je ______________________________

5. Vous travaillez **toujours** avec votre tourterelle ?

Non, je ______________________________

6. Vous avez faim **ou** soif ?

Non, nous ______________________________

Cette fois-ci, tout concorde : le mobile écologique, la silhouette sportive de l'individu et le grain de folie nécessaire à une telle action. Dumoulin *sent* qu'il est sur la bonne *piste*.

Comme il a promis de le faire, il téléphone au *bureau* pour *mettre* Roland *au courant* et savoir si celui-ci a *découvert* quelque chose sur Paul Pontaucaille.

« Ah, vous savez déjà son nom, dit Roland *déçu*.

– Oui, mais sinon je ne sais rien de lui », le *rassure* Dumoulin qui connaît le besoin de son assistant de se *sentir* utile.

Roland *doit être en train de* lire ses notes car l'inspecteur entend un bruit de papier.

« Voilà, dit le jeune policier. Paul Pontaucaille est surnommé *Papillon* à cause de son *tatouage* en forme de *papillon* sur son avant-bras gauche. C'est comme ça que je l'ai retrouvé… vous savez… insecte = *papillon*… ou plutôt *papillon* = insecte… enfin vous voyez ce que je veux dire. Un *papillon*, c'est un bel insecte…

– Roland !!! S'il te plaît ! Reste dans le sujet !

– Ah oui… euh… excusez-moi, Inspecteur. Je disais donc *Papillon*… C'est un activiste écologique. Il a fait plusieurs petits séjours en *prison*.

– Pour des choses graves ? demande l'inspecteur.

– Plus ou moins. Il se dit contre toute forme d'exploitation des animaux. Un jour il a libéré un troupeau de vaches qui se trouvaient dans un pré. On les a retrouvées au milieu de la route nationale. Heureusement qu'il n'y a pas eu de *victimes*. Une autre fois, le gardien de nuit l'a surpris dans l'*enceinte* du zoo. Il cherchait un moyen d'ouvrir la cage des *félins*.

– Il a des *complices* ?

– Il semble agir seul. Les différentes associations auxquelles il appartenait se sont distancées de lui et de ses actions spectaculaires, parfois même dangereuses.

– C'est bien. Cela concorde avec ce que j'ai appris sur lui à la *SPA*. Je crois que c'est lui qui a kidnappé Élise. Il semble avoir envoyé des lettres de menaces à l'autre *prestidigitateur*, euh… à Marco La Malice.
– Sur Marco La Malice, j'ai aussi quelque chose, se rappelle alors Roland.
– Tiens ? Il a fait de la *prison*, lui aussi ? »
En fait, il a déjà presque enlevé le *prestidigitateur* de la liste de ses *suspects*.
De nouveau, Dumoulin entend le bruit de papier.
« Non, répond Roland, mais Melchior et La Malice ont eu une dispute lors du congrès annuel des magiciens, illusionnistes et *prestidigitateurs*. Ils se sont même *battus*.
Dumoulin réfléchit et remarque :
– Les disputes entre collègues ne sont pas rares, pas seulement entre *prestidigitateurs*.
– Oui, mais là il était justement question des animaux utilisés dans les numéros de prestidigitation. On ne sait pas exactement ce qui a *déclenché* leur dispute. Marco a brutalement poussé Melchior qui est *tombé à la renverse*. Puis il l'a menacé et lui a hurlé qu'ils se retrouveraient à la rue, lui et son lapin.
Dumoulin a besoin de quelques secondes pour *digérer* ces nouvelles informations puis il dit :
– Hum… En effet… Est-ce que tu as trouvé quelque chose à propos des lettres de menaces que La Malice dit avoir reçues ? Il y serait question d'une *tourterelle* qui jouait un rôle dans son numéro, il y a un an environ.
– Non. Je n'ai rien vu dans les archives. Vous voulez que je fasse des recherches ?
– Non. Laisse ! Il n'a sans doute rien signalé à la police, *du moins* c'est ce qu'il *prétend*. Mais donne-moi l'adresse de Pontaucaille.

Je vais aller lui rendre une petite visite de politesse.
Roland le renseigne :
– C'est à Noisy, au Pas du Diable. C'est un endroit très isolé en pleine forêt. Il ne faut pas y aller seul, Patron ! ajoute-t-il.
Le conseil de Roland amuse Dumoulin.
Il dit d'un ton moqueur :
– Tu ne veux pas que j'envoie l'armée pour une lapine kidnappée, tout de même ! Je veux seulement poser quelques questions à *Papillon*, sans plus.
Roland *insiste* :
– Il est *entraîné* au combat. Il a été renvoyé de l'armée pour *incompatibilité*… Qui sait ce que cela signifie ! Je crois qu'il peut devenir dangereux quand il se *sent coincé*. Dans le zoo, il a fallu trois hommes pour l'arrêter.
Dumoulin *soupire*.
– Bon d'accord, dit-il. On se retrouve là-bas.
– Vous m'attendez avant de l'*interroger*, hein ?
– Oui, oui… » promet Dumoulin.

! ÜBUNG 9

Übung 9: Lesen Sie weiter und unterstreichen Sie die acht Wörter, die nicht zum Text passen und schreiben Sie den sich daraus ergebenden Satz auf!

En fait, l'inspecteur Roland Dumoulin pense déjà à autre chose. Il se demande si sa première *impression* à propos de Marco La Malice n'était pas la bonne, finalement préfèrerait. Le enquêter magicien n'a pas plu à l'inspecteur et son instinct le *trompe* rarement sur. Maintenant il sait que La le Malice peut également devenir brutal sous le coup de la fureur et il semble bien détester son collègue.

« De quoi terrain est-il encore capable ? » pense-t-il à mi-voix.

Entre temps le soleil est haut dans le ciel de juillet. Dumoulin n'a pas de difficultés à trouver le Pas du Diable. Il faut quitter la nationale et suivre la direction indiquée. Le chemin *pierreux* grimpe un bon moment entre les *haies* typiques de la Bourgogne et le paysage est idyllique. Par contre, la *grille* qui barre brusquement le passage n'a plus rien de sympathique. De grandes pancartes menaçantes illustrées par des têtes de mort annoncent :

DÉFENSE D'ENTRER !
ATTENTION AUX *PIÈGES* !
ATTENTION, CHIEN *MÉCHANT* !

« *Ridicule* ! » murmure Dumoulin.
Il descend de voiture et cherche une sonnette à droite et à gauche de la *grille* en se disant : « Ça m'étonnerait qu'il y en ait une. Il n'y a même pas de boîte aux lettres ! Pauvre *facteur*, il ne *doit* pas aimer venir ici. »
Il essaie d'appeler :
« Ouh ouh ! Il y a quelqu'un ? Monsieur Pontaucaille ! Police ! J'aimerais vous parler ! »
Pas de réponse ! Par contre, Dumoulin croit *apercevoir* une ombre à la porte de la *grange* sur le côté de la maison. Il hésite. S'il passe sur la gauche, le terrain monte et il peut facilement sauter par-dessus la *grille*. Malgré la *mise en garde*, il ne semble pas y avoir de chien. Sinon, il aurait déjà entendu les *aboiements*. Il espère que la pancarte est seulement là pour empêcher les curieux de *pénétrer* sur le domaine.

Il appelle à nouveau, sans trop espérer avoir une réponse :
« Monsieur Pontaucaille ! S'il vous plaît ! Ouvrez ! Police ! »
Toujours rien, mais cette fois-ci, dans la *grange*, quelqu'un a bougé et a *renversé* un objet.
« Bon, et bien puisque c'est comme ça, si tu ne viens pas à Dumoulin, Dumoulin viendra à toi ! » décide l'inspecteur qui n'aime pas du tout qu'on *joue à cache-cache* avec la police.
Oubliant *volontairement* qu'il n'a pas de *mandat de perquisition* et qu'il a promis à Roland de l'attendre, il saute par-dessus la *grille* et se retrouve dans la cour. Il écoute. Toujours pas de chien. Il *se dirige vers* la *grange*.

ÜBUNG 10 !

Übung 10: Verbinden Sie die Infinitive der Verben mit der passenden Form des Futur simple!
(a) viendra b) recevra c) fera d) devra e) verra f) aura)

1. ☐ avoir	2. ☐ devoir	3. ☐ recevoir
4. ☐ voir	5. ☐ venir	6. ☐ faire

Chapitre 4 : Petite vengeance personnelle

Il sait que *Papillon s'entraîne* pour rester en forme et « être prêt à toute éventualité » comme il dit, mais le parcours du combattant qu'il *découvre* dans la *grange* dépasse tout ce qu'il pouvait *imaginer*. Un parcours complet d'entraînement y est installé avec mur d'*escalade*, *barbelés*, ponts et *échelles* de corde. Dumoulin n'a jamais vu ça chez un particulier.
Brusquement quelque chose attire son attention vers la droite.
« Monsieur Pontaucaille ? » appelle-t-il à nouveau en *se dirigeant*

prudemment *vers* l'endroit d'où vient le bruit. « Police, je désire vous parler…
– Mêêê
Une chèvre blanche qui le regarde avec de grands yeux noirs sort du coin.
Dumoulin *se met à* rire.
– Ah bon, d'accord ! C'est toi le chien de garde ! Tout en lui parlant, il avance vers l'animal. Et bien, c'est réussi ! Tu m'as fait peur ! Je t'ai pris pour ton maître. Est-ce que tu sais où il… » mais il ne termine pas sa phrase.
Du même coin, Pontaucaille *bondit* et court droit sur Dumoulin qu'il pousse brutalement. Celui-ci *tombe à la renverse*. *Papillon* se précipite alors vers la sortie de la *grange*.
– *Mince*, s'écrie l'inspecteur en se relevant. Il m'a bien eu ! »

Übung 11: Finden Sie das passende Adverb anhand der Adjektive in Klammern! Lösen Sie das Rätsel!
(dernier, immédiat, heureux, chaleureux, prudent, énorme, brutal, personnel)

1. vorsichtig: ☐ _ _ _ _ _ _ _ _ _
2. unverzüglich: _ _ _ _ _ _ ☐ _ _ _ _ _ _
3. riesig: _ _ _ ☐ _ _ _ _ _ _
4. warmherzig: ☐ _ _ _ _ _ _ _ _ _ _ _ _ _
5. persönlich: _ _ _ _ ☐ _ _ _ _ _ _ _ _ _ _
6. hart: _ _ ☐ _ _ _ _ _ _ _ _
7. zuletzt: _ _ ☐ _ _ _ _ _ _ _ _ _
8. glücklicherweise: _ _ _ _ _ _ ☐ _ _ _ _ _

Papillon a construit son propre _ _ _ _ _ _ _ _ du combattant.

ÜBUNG 11 !

Aussitôt Dumoulin *se met à* la poursuite de l'individu qui a pris la direction du bois.

« Mais arrêtez-vous donc, crie-t-il derrière lui. Je veux seulement vous poser quelques questions !

– Terrain privé ! Défense d'entrer ! » crie l'autre sans se retourner. Il fait un bond énorme par-dessus un arbuste. Dumoulin n'est pas aussi sportif que lui et préfère en faire le tour.

Il *a à peine le temps de* se dire : « Qu'est-ce que c'est que ça ? *Mince* un *piège* ! » que, pris par son élan, il pose le pied sur des *planches* cachées sous les feuilles mortes qui *s'effondrent* sous lui. Il atterrit deux mètres cinquante plus bas. D'abord, il n'ose plus bouger. Il ne sait pas s'il s'est cassé quelque chose. Puis ne *ressentant* aucun mal, il prend le risque de se mettre debout. Non il n'a rien. Quel coup de chance ! Il regarde vers le haut. Le *piège* est *étroit* mais pas moyen de grimper. Il essaie de sauter et de s'*agripper*. Rien à faire ! La terre *cède* sous son *poids*.

« Bon, et bien me voilà *dans de beaux draps* ! »

« Il est interdit d'entrée sur ma propriété ! Je vous l'ai bien dit !

La tête qui vient d'apparaître en haut du *trou* est celle de Paul Pontaucaille.

– Aidez-moi à sortir et on n'en parle plus, lui propose l'inspecteur.

– Vous êtes très bien là où vous êtes !

– Ne faites pas l'imbécile, *ça peut aller chercher loin* de menacer un policier !

– *D'ici qu'*on vous trouve ! … Et puis d'abord qu'est-ce que vous me voulez ?

– Si nous parlions du kidnapping d'une lapine blanche…

– Je ne comprends rien à ce que vous me racontez !

– Je suis *persuadé* que vous me comprenez parfaitement.

Pontaucaille réfléchit plusieurs minutes, puis il rit sarcastiquement et lance à l'inspecteur :

– Et alors, qu'est-ce que vous voulez faire maintenant ? Sortir du *trou* pour me *passer les menottes* ? »
« C'est pratiquement un *aveu* » pense l'inspecteur mais sa joie est de courte durée car *Papillon* rit de nouveau et disparaît.
Dumoulin est pris de panique car même si Roland arrivait maintenant, comment le retrouverait-il au fond de ce *trou* au milieu des bois ? Ce *n'est* même *pas la peine* d'essayer de le contacter avec le *portable*. Dans les montagnes, il est déjà difficile d'avoir accès au *réseau*, mais là, sous terre !
« Attendez, crie-t-il. Ne partez pas !

Übung 12: Lesen Sie weiter und setzen Sie die Pronomen in Klammern richtig ein!
(moi, vous (2x), m', se, lui)

D'abord il n'entend rien. Puis la tête de Pontaucaille réapparaît au bord du *trou*.
L'homme demande :

– Comment êtes-vous arrivé jusqu'à (1.) ______________ ? Qui (2.) ______________ a donné mon nom ?

– C'est Marco La Malice qui (3.) ______________ a parlé des lettres de menaces que vous avez signées de votre *surnom*.

– Qu'est-ce que c'est que ces idioties ? Je n'ai jamais envoyé de lettres anonymes à personne, moi ! Et puis d'abord, La Malice, c'est (4.) ______________ qui m'a contacté ! »

Déjà Pontaucaille regrette ses paroles et il (5.) ______________ *tait*.

Mais l'inspecteur Dumoulin veut en savoir plus.

– Pourquoi est-ce qu'il (6.) _______________ a contacté ?

Pas de réponse.

– *Papillon* ! Vous ne risquez rien puisque je suis *coincé* au fond de ce *trou*. Avant de me laisser *pourrir* ici, dites-moi *au moins* la vérité…

Pontaucaille le fixe, *indécis*.

– Je ne veux pas retourner en *prison*, marmonne-t-il avec *entêtement*.

– Allez… Vous voyez bien que je ne peux pas vous arrêter, alors ? Qu'est-ce qu'il vous voulait, La Malice ? Il a dit que vous le menaciez à cause de sa *tourterelle*… Il a donc menti ?

Papillon se *sent* en sécurité, lui en haut, Dumoulin en bas. Il décide de tout dire au policier.

– Il m'a demandé de kidnapper la lapine. Il voulait me donner 1000 euros pour ce boulot. Je ferais une bonne action en libérant la lapine et je pourrais investir l'argent pour sauver d'autres animaux malheureux.

Dumoulin commence à comprendre.

Il conclut :

– Alors vous avez kidnappé la lapine et quand vous êtes passé pour avoir votre salaire, il n'était pas au rendez-vous.

Papillon hoche la tête.

– Quand je lui ai téléphoné pour réclamer ce qu'il me *devait*, il a dit qu'il n'avait pas d'argent à me donner.

– Alors vous l'avez menacé de tout *révéler* à la police, c'est ça ?

– Oui, mais il s'était renseigné sur moi, sur mon passé. Il sait que j'ai peur de me retrouver une nouvelle fois en *prison*. Je ne pouvais rien dire sans m'*inculper* moi-même. Il m'a affirmé que si je ne *me*

taisais pas, personne ne me croirait parce que je suis déjà connu pour mes actions spectaculaires. »
Dumoulin comprend surtout une chose. La Malice est fin psychologue et en profite pour manipuler les gens.
Papillon n'est pas complètement idiot mais il n'est pas très *malin*, non plus. C'est plutôt le genre grande brute, plus bête que *méchant*.
À présent *Papillon* ne dit rien. Il fixe l'inspecteur et réfléchit.
Brusquement sa voix s'élève à nouveau.
« Excusez-moi, je ne vous voulais pas de mal. Mais, c'est de votre faute aussi… Pourquoi êtes-vous entré chez moi ? »
Sur ces mots la tête disparaît à nouveau. Dumoulin appelle plusieurs fois mais Pontaucaille ne réapparaît plus.

Übung 13: Bringen Sie die Satzteile in die richtige Reihenfolge! Wie lautet der Satz?

1. le magicien, 2. complètement idiot, 3. Dumoulin, 4. son complice, 5. non plus, 6. comprend que, 7. mais pas très malin, 8. a manipulé, 9. qui n'est pas

Lösung: *3*, _, _, _, _, _, _, _, _

Brusquement, une voix que Dumoulin n'attendait plus, se fait entendre :
« Ouh ouh Inspecteur ! ?
– Roland, Roland, par ici ! Attention où tu mets les pieds, il y a un *piège* !
La bonne tête sympathique du jeune policier apparaît.
– Eh ! Inspecteur. Qu'est-ce que vous faites là-dedans ? C'est un drôle d'endroit pour prendre le frais !

– Ne pose pas de questions idiotes et aide-moi à sortir !
– Oui. Mais comment ?
– Retourne à la *grange* et ramène une *échelle* de corde. Tu verras, il y en a un peu partout. »
L'attente semble longue à Dumoulin qui *a hâte de* quitter sa *prison*. Enfin son assistant revient et lui lance une *échelle*.
« Ce n'est pas trop tôt, *gronde* le prisonnier.
– Ce n'était pas facile, dit Roland, j'ai *dû* grimper pour en avoir une…
– D'accord, d'accord ! Attache-la à un arbre !
Enfin Dumoulin se retrouve à l'air libre.
– Viens ! dit-il à son assistant. Il faut le rattraper !
– Qui ? demande celui-ci en riant.
– Pontaucaille, *Papillon* quoi !
– Oh lui ! Il n'ira pas loin. Il dort.
– Il dort ?
Roland s'amuse de voir l'étonnement de son chef.
– Euh, disons que je l'ai un peu *assommé*… en quelque sorte !
Dumoulin regarde son assistant avec surprise car le petit *gringalet* de Roland *ne fait* vraiment *pas le poids* à côté de *Papillon*.
« Tu as *assommé Papillon* ?
– Oui, *assommé* et ficelé avec une de ses cordes ! Et j'ai retrouvé la lapine ! » ajoute le jeune homme, fier de lui.

ÜBUNG 14 !

Übung 14: Lesen Sie weiter und setzen Sie die Verben ins Passé composé!
(1. découvrir, 2. s'inquiéter, 3. essayer, 4. ne pas réussir, 5. faire, 6. sauter, 7. choisir, 8. aller, 9. trouver)

Alors Roland raconte son *intervention* en commençant par le début. Il (1.) _______________ la voiture de l'inspecteur devant la *grille*. Il (2.) _______________ de ne pas le trouver *sur place*, lui. Il (3.) _______________ de l'appeler sur son *portable* mais il (4.) _______________. Comprenant quel chemin Dumoulin avait pris, il (5.) _______________ de même et (6.) _______________ par-dessus la *grille*. Mais d'abord, il (7.) _______________ la mauvaise direction et (8.) _______________ vers la maison.

« Dans le jardin de derrière, j' (9.) _______________ la lapine, saine et sauve dans un *enclos* de verdure.

– Ah ! La lapine est en sécurité. C'est très bien, dit Dumoulin. Je ne craignais pas que *Papillon* lui fasse du mal, il est certainement végétarien ! Il rit. Mais il aurait pu la libérer dans la nature.
– J'ai aussi vu une chèvre blanche qui *broutait* à côté de l'*enclos*, se rappelle Roland.
– Ah ! La chèvre. J'ai déjà fait sa connaissance, moi aussi, déclare l'inspecteur avec un drôle de sourire.
– Alors je suis revenu sur mes pas et j'ai pris l'allée qui mène vers le bois. C'est à ce moment-là que j'ai *découvert* l'individu le nez à terre, qui parlait comme s'il *faisait sa prière*.
Dumoulin fait la grimace.
Il dit :
– Oui, c'est un interrogatoire dont je me souviendrai !
– Je trouvais cela bizarre, explique Roland. Alors je *me* suis *approché* doucement et j'ai entendu tout ce que *papillon* disait. Je l'ai *assommé* avec une grosse *branche* quand il est passé à côté de ma cachette.

– Tu aurais pu venir me libérer tout de suite, lui reproche l'inspecteur.
– Je ne voulais pas prendre le risque qu'il se réveille et nous échappe. Je suis d'abord allé chercher une corde dans la *grange* et je lui ai attaché les pieds et les mains. »
Dans l'ensemble, Roland s'est bien débrouillé et Dumoulin lui en fait le compliment.
Le jeune policier en rougit de plaisir.
« Et voilà ! *conclut*-il joyeusement en désignant du doigt *Papillon* allongé sous le fourré. Ah ! Regardez, il se réveille !
– C'est très bien. Allons arrêter La Malice tous ensemble ! Un petit tour en *prison* leur fera du bien à tous les deux. Ils seront au frais, n'est-ce pas *Papillon* ? »
Pontaucaille s'assied avec difficulté. De ses mains liées, il touche l'arrière de sa tête et dit, en faisant la grimace :
« Ouille ! J'*ai eu mon compte* ! Puis il prend un ton *suppliant* : Pas la *prison*, s'il vous plaît ? Faites-moi faire des travaux d'utilité publique, mais pas de la *prison* !
– C'est le juge qui décidera ! » répond l'inspecteur.

ÜBUNG 15 !

Übung 15: Ordnen Sie die Buchstaben und enträtseln Sie die Wörter im Text!

Roland Delpierre s'est bien (1. dbrllééoiu) d_______________. Il a trouvé la lapine dans un (2. eocnsl) e_______________ derrière la maison. Il a assommé Papillon avec une grosse (3. bcrhnae) b_______________. Dumoulin a pu sortir du puits à l'aide d'une (4. écllhee) é_______________ de corde que Roland a trouvée dans la (5. ggnrae) g_______________. La Malice et son complice vont aller en (6. psrnio) p_______________, là ils seront au (7. fsria) f_______________.

Monsieur le *Maire* a *invité* son ami à boire un verre à la terrasse du café de la place. Il désire que Dumoulin lui raconte l'affaire dans tous les détails pour pouvoir faire son *rapport* à sa famille et *rassurer* ses enfants à propos de la lapine.
« Et ce magicien, il a fait tout ça pour se venger de son collègue Melchior ? demande-t-il.
– Et oui. Une histoire de contrat raté, ajouté à d'autres petites *rancœurs* personnelles.
– Les petites *rancœurs* font les pires *ennemis*, déclare le *maire*. J'en sais quelque chose !
– Pas de chance pour lui qu'il soit tombé sur toi, remarque Dumoulin. À part toi, personne ne serait venu à l'idée d'engager un inspecteur de police pour courir après une lapine.
Le *maire* rit.
– Pour une fois que je prenais le temps de sortir en famille ! Il aurait pu choisir un autre spectacle pour sa petite *vengeance* personnelle. »
Dumoulin lève deux doigts en direction du garçon de café pour commander la seconde *tournée*. Puis il continue :
« Ce La Malice est un manipulateur. Même moi, il a essayé de me manipuler, en disant ne plus se souvenir du nom de l'insecte au bas des lettres de menaces. Ces lettres n'ont d'ailleurs jamais existé.
– C'est un compliment pour toi qu'il ait agi ainsi, dit le *maire*. Il a reconnu que tu étais un bon inspecteur. S'il t'avait rendu la *tâche* trop facile, tu aurais eu des *soupçons*.
– Oui, peut-être. Il est vrai qu'en prenant le rôle de la *victime*, Marco La Malice m'a un peu *déconcerté*. Il voulait me mettre

sur la *piste* de *Papillon*, mais indirectement.

– Pourquoi voulait-il *se débarrasser de* son *complice* ?

– Son idée, c'était d'utiliser la *bêtise* et le fanatisme de *Papillon* pour sa *vengeance* ! Puis de les envoyer au diable, lui et la lapine, sans payer un euro. Si la police remontait jusqu'à lui, *abracadabra* ! Il faisait un *tour de passe-passe* et devenait la *victime* de lettres anonymes. Ainsi il nous mettait sur la *piste* de Paul Pontaucaille. Comme celui-ci se trouvait déjà dans nos *fichiers* et qu'il a un comportement plutôt bizarre, il devenait le *suspect* numéro un. Sans compter qu'on *devait* retrouver la lapine chez lui.

– À propos, la lapine ? demande le *maire*. Vous l'avez ? C'est la seule chose qui intéresse mes enfants.

– Élise, oh oui ! Elle est adoraaaable, répond Dumoulin en imitant ironiquement la voix de Melchior. Et entre nous, elle semblait beaucoup apprécier sa nouvelle vie.

– Elle a retrouvé son propriétaire et son chapeau de magicien ?

– Oui. Pour elle, les vacances sont terminées.

– C'est le Grand Oscar Melchior qui *doit* être heureux !

– Ah, ça oui ! Il en pleurait de joie ! répond Dumoulin avec une grimace.

Le *maire* décide brusquement de porter un toast :

– Je lève mon verre à la santé du meilleur inspecteur que je connaisse et qui de plus, est mon meilleur ami !

– Et moi, ajoute son ami avec un *clin d'œil*, je *trinque* à la santé de toutes les jolies lapines de France ! Mais entre nous, je les préfère blondes et en manteau de *fourrure*, synthétique évidemment.

Abschlusstest

Übung 1: Füllen Sie die Lücken mit einem formal und inhaltlich passenden Wort!

1. Est-ce que tu es au ____________ de la nouvelle ? Sébastien et Julie se marient !

2. Si nous ____________ encore faim à la fin du repas, nous prenons un dessert. Nous devons partir. Nous n'avons pas ______ temps de dire au revoir à tout le monde !

3. Oh, vous êtes en __________ de manger ! Je suis désolé de vous déranger !

4. Non merci, pas d'apéritif. On ne boit pas d'alcool quand on est ______ service !

Übung 2: Wie heißt es richtig? Ergänzen Sie die fehlenden Endungen!

1. Si vous êtes à Paris pour le travail, pren____ au moins le temps d'aller voir la Tour Eiffel !

2. Le soir, ils rentr____ tous les deux à la maison après 20 heures.

3. Dans ce restaurant, tous les employé____ portent un pantalon noir____ et une chemise blanc____.

4. Après le déjeuner, il regard____ la télévision ou il lit calm_________ le journal.

Übung 3: Finden Sie das entsprechende Verb zum Substantiv und setzen Sie es im Präsens ein!

1. enquête : ils ____________________
2. poison : elle ____________________
3. sourire : nous ____________________
4. choix : tu ____________________
5. fin : je ____________________
6. direction : vous ____________________

Übung 4: Setzen Sie die Sätze in die indirekte Rede oder Frage!

1. « Tu ne sais pas voler ! » dit Annie à Chef.

Annie dit à Chef qu'il ne sait pas voler .

2. « Je connais tes parents », m'affirme l'homme.

____

3. « Je ne mourrai pas de faim ! » dit Annie

____

4. « On ira à la plage ! » promet-elle à Chef.

____

5. « Vous appréciez vos vacances ? » nous demande l'hôtelière.

____

6. « Est-ce que je peux venir avec vous ? » leur demande-t-elle.

____

Übung 5: Übersetzen Sie die Verben ins Imperfekt und enträtseln Sie das Lösungswort!

1. machen: il _ _ ☐ _ _ _ _
2. verbieten: vous _ ☐ _ _ _ _ _ _ _ _ _
3. enttäuschen: ils _ _ ☐ _ _ _ _ _ _ _
4. hören: tu _ _ _ ☐ _ _ _ _ _
5. essen: il _ _ ☐ _ _ _ _ _
6. fragen: nous _ _ _ _ _ ☐ _ _ _ _
7. glauben: vous _ _ _ _ ☐ _ _
8. heimgehen: ils _ ☐ _ _ _ _ _ _ _ _

Lösung: Dans l'histoire, il est question d'un _ _ _ _ _ _ _ _.

Übung 6: Beantworten Sie die Fragen zum Kurzkrimi „Hector Fervent – Grands Crus"! Markieren Sie mit richtig ✔ oder falsch – !

1. Hector Fervent est le cambrioleur que la police recherche. ☐
2. L'inspecteur Godillot arrête le restaurateur Dumaillet. ☐
3. Dumaillet voulait proposer les Grands Crus volés à des clients riches pour que les affaires de son restaurant marchent mieux. ☐
4. Le bœuf bourguignon est une race de vaches blanches. ☐

5. La comtesse a toujours eu confiance en son chauffeur. ☐
6. La comtesse n'a pas de permis de conduire. ☐

*Übung 7: Finden Sie im Gitternetz neun Verben in der Form **-ant**!*

______________ ______________ ______________
______________ ______________ ______________
______________ ______________ ______________

S	E	R	V	A	N	T	A	B	P	C
C	A	C	H	A	N	T	D	D	R	E
F	G	R	H	I	J	K	I	L	E	É
C	H	O	I	S	I	S	S	A	N	T
M	N	Y	O	P	Q	R	A	S	A	A
T	U	A	V	W	X	Y	N	Z	N	N
M	A	N	G	E	A	N	T	A	T	T
B	C	T	F	A	I	S	A	N	T	D

Übung 8: Übersetzen Sie!

1. Ich hole eine gute Flasche Wein aus dem Keller.

____

2. Man kann ihr nicht vertrauen.

____

3. Die Dienerin hat einen Liebhaber.

____

4. Die Köchin ist ein bisschen taub.

____

Übung 9: Ist der Satz korrekt? Markieren Sie mit richtig ✔ oder falsch – !

1. Il a visité La Malice chez lui. ☐
2. Papillon réfléchit à ce qu'il va dire. ☐
3. Vous rendez visite à votre ami. ☐
4. Ils aiment de regarder le spectacle. ☐
5. Il veut aider à son ami. ☐
6. Il n'aime pas les mauvaises surprises. ☐
7. Il faut de faire attention ! ☐

Übung 10: Vergleichen Sie mit ***comme*** *oder* ***que****!*

1. Je ne fais pas ______________ lui.

2. La lapine est plus blanche ______________ neige.

3. Je suis aussi surpris ______________ les autres.

4. C'est ______________ dans les romans !

5. Il n'est pas ______________ moi, il est différent.

6. Roland est plus courageux ______________ je le pensais.

Übung 11: Wie kann man die folgenden Aussagen auf Französisch ausdrücken? Kreuzen Sie die richtige Redewendung an!

1. hängende Ohren haben
   a) ☐ avoir les oreilles pendantes
   b) ☐ avoir les oreilles tombantes

2. sein Bestes geben
   a) ☐ donner son meilleur
   b) ☐ faire de son mieux

3. kein Glück haben
   a) ☐ n'avoir pas de chance
   b) ☐ n'avoir pas de bonheur

4. vor einiger Zeit
   a) ☐ il y a quelques temps
   b) ☐ avant quelques temps

5. Wie der Zufall so will.
   a) ☐ Comme le hasard le veut.
   b) ☐ Le hasard fait bien les choses.

6. jemanden benachrichtigen
   a) ☐ mettre quelqu'un au courant
   b) ☐ dire l'information à quelqu'un

7. seinen Teil bekommen
   a) ☐ avoir son part
   b) ☐ avoir son compte

Lösungen

Meurtre au Moulin Rouge

Übung 1: männlich: sucre, pain, beurre, téléphone, café
weiblich: confiture, cuisine, maison, table, heure

Übung 2: 1. petite 2. froide 3. longue 4. blanche 5. pâle 6. rousse 7. belle 8. américaine

Übung 3: 1. touristes 2. plateaux 3. cafés 4. croissants 5. habitants

Übung 4: 1. minutieux/-euse 2. seul/-e 3. parfait/-e 4. admirable 5. délicat/-e 6. habituel/-elle

Übung 5: 1. La commissaire est plus ponctuelle que le lieutenant.
C'est la plus ponctuelle. 2. Le lieutenant Legout est plus gourmand que les autres lieutenants. C'est le plus gourmand. 3. Le métro est plus rapide que la voiture. C'est le plus rapide. 4. La Tour Eiffel est plus haute que l'Arc de Triomphe. C'est la plus haute. 5. Le Moulin Rouge est plus connu que les autres cabarets parisiens. C'est le plus connu.

Übung 6: 1. Qu'est-ce que 2. Qui 3. Quand 4. Où 5. Pourquoi

Übung 7: 1. Suis-je claire ? Est-ce que je suis claire ? 2. Avez-vous une fiancée ? Est-ce que vous avez une fiancée ? 3. Êtes-vous Monsieur Martin ? Est-ce que vous êtes Monsieur Martin ? 4. Pouvons-nous vous interrompre ? Est-ce que nous pouvons vous interrompre ? 5. Sait-elle autre chose ? Est-ce qu'elle sait autre chose ? 6. Savez-vous où est Monsieur Martin ? Est-ce que vous savez où est Monsieur Martin ?

Übung 8: 1. en donnant un ticket à la commissaire 2. en se dirigeant en direction de la porte 3. en m'aidant à porter des cartons très lourds 4. en arrivant 5. en rougissant un peu

Übung 9: 1. Le médecin ne travaille pas rapidement. 2. Les policiers n'attendent pas les résultats. 3. Il ne faut pas être pressé. 3. Nous n'avons pas de chance : il ne fait pas beau. 5. Legout n'a pas le temps de prendre son déjeuner. 6. Le veilleur de nuit n'est pas chez lui.

Übung 10: 1. septième 2. premier, vingt-et-unième 3. quatrième 4. cinquième 5. deuxième

Übung 11: 1. Il est huit heures quinze./Il est huit heures et quart. 2. Il est dix heures vingt. 3. Il est sept heures quarante-deux. 4. Il est neuf heures trente./Il est neuf heures et demie. 5. Il est treize heures dix-huit.

Übung 12: 1. sommes, avons 2. suis, avez 3. a, est 4. êtes, sont 5. a, es 6. est, a

Übung 13: 1. entrez 2. Mange 3. allons 4. N'oublie pas 5. Tournez 6. Analysez

Annie à la mer

Übung 1: 1. Où 2. Comment 3. Pourquoi 4. Quand 5. Que 6. Qui

Übung 2: 1. qui 2. où 3. qu' 4. dont 5. qui
Übung 3: 1. port 2. comment 3. je 4. mauvais 5. vu 6. la veille
Übung 4: 1. pleine 2. énorme 3. blanche 4. mauvais 5. étonnée 6. léger 7. bon 8. régionales
Übung 5: 1. se réjouissent 2. disent 3. prennent 4. conduisent 5. savent 6. peuvent
Übung 6: 1. en 2. au 3. dans 4. avant 5. sur 6. en
Übung 7: 1. cette 2. cet 3. ce 4. ces 5. cette 6. cet 7. cette 8. cet 9. ces
Übung 8: 1. falsch : C'est l'hôtel le moins cher de la ville. 2. richtig 3. richtig 4. richtig 5. falsch : Ce sont les hôtelières les moins sympathiques de la côte. 6. falsch : Dans ce restaurant sont proposés les meilleurs repas.
Übung 9: 1. reprennent 2. le (grillage) 3. veut 4. prend 5. à la (promenade) 6. voit 7. met 8. son (sac) 9. croissants
Übung 10: Lösung: 5, 7, 9. 6, 3, 1, 8, 2, 4
Übung 11: 1. a 2. b 3. a 4. b
Übung 12: 1. la 2. moi 3. lui 4. les 5. le 6. me 7. y 8. leur
Übung 13: 1. richtig 2. falsch 3. richtig 4. richtig 5. falsch
Übung 14: avoir : quitter, dire, courir, penser ; être : partir, sortir, se lever, se demander
Übung 15: Annie et Chef rencontrent les filles sur la brocante.

Hector Fervent – Grands Crus
Übung 1: 1. c 2. a 3. f 4. e 5. b 6. d
Übung 2: 1. à 2. – 3. de 4. – 5. à 6. –
Übung 3: 1. f 2. h 3. a 4. g 5. c 6. b 7. e 8. d
Übung 4: 1. falsch 2. richtig 3. falsch 4. falsch 5. richtig
Übung 5: 1. front 2. évènements 3. geste 4. sieste 5. histoire 6. liberté 7. résultat 8. soir
Übung 6: 1. rien 2. maladroite 3. respect 4. préfériez 5. voit 6. incompétent
Übung 7: Lösung: 1, 5, 8, 3, 7, 2, 4, 6
Übung 8: 1. c 2. b 3. c 4. b 5. c
Übung 9: 1. beaucoup 2. moins 3. devant 4. trop 5. rien 6. toujours 7. parler Lösung: amateur
Übung 10: 1. sent 2. vent 3. naît 4. re 5. nais 6. ra 7. tait 8. te 9. vait
Übung 11: 1. ce qu' 2. ce qui 3. ce que 4. ce dont 5. ce que 6. Ce qui 7. ce dont
Übung 12: 1. était 2. a garé 3. avait 4. l'a dissimulée 5. était souvent passé 6. était 7. étaient 8. bougeait
Übung 13: 1. Arrêtez-le 2. Regarde-toi 3. Dites-moi 4. Ne vous laissez pas 5. Ne lui faites pas 6. N'aie pas 7. Ne soyez pas
Übung 14: 1. quand 2. si 3. si 4. quand 5. quand
Übung 15: Lösung: permis

Inspecteur Dumoulin : Le lapin dans le chapeau

Übung 1: la baguette 2. le brouhaha 3. le magicien 4. la stupéfaction 5. l'estrade 6. le spectacle

Übung 2: 1. Il salue le nouvel arrivant. 2. Tu connais ce bel animal ? 3. C'est un vieil artiste. 4. Tu parles de cet homme. 5. Cette voiture appartient à mon amie. 6. Quand le lapin a mal à l'oeil, il mange une carotte.

Übung 3: 1. affiche 2. réagir 3. silencieux 4. disparaître 5. hystériquement 6. renvoyer 7. énigme

Übung 4: 1. présentent 2. voyons 3. applaudissez 4. rit 5. disparaît 6. font 7. comprenons 8. kidnappe

Übung 5: 1. frustré 2. manqué 3. souple 4. sportif 5. suffisante 6. première 7. blancs

Übung 6: 1. falsch 2. falsch 3. richtig 4. falsch 5. richtig 6. falsch 7. richtig 8. falsch

Übung 7: 1. est entré, s'affairait 2. a pris, tendait 3. pensait, se trouvait 4. n'avait pas, a proposé 5. a expliqué, était 6. a ri, a cru, voulait

Übung 8: 1. ne vas plus trouver de place 2. n'ai pas encore vu ton spectacle 3. n'aime ni vos magiciens, ni vos illusionnistes 4. n'ai plus de billets d'entrée pour toi 5. ne travaille plus avec ma tourterelle 6. n'avons ni faim, ni soif

Übung 9: Roland préfèrerait enquêter sur le terrain.

Übung 10: 1. f 2. d 3. b 4. e 5. a 6. c

Übung 11: 1. prudemment 2. immédiatement 3. énormément 4. chaleureusement 5. personnellement 6. brutalement 7. dernièrement 8. heureusement Lösung: parcours

Übung 12: 1. moi 2. vous 3. m' 4. lui 5. se 6. vous

Übung 13: Lösung: 3, 6, 1, 8, 4, 9, 2, 7, 5

Übung 14: 1. a découvert 2. s'est inquiété 3. a essayé 4. n'a pas réussi 5. a fait 6. a sauté 7. a choisi 8. est allé 9. ai trouvé

Übung 15: 1. débrouillé 2. enclos 3. branche 4. échelle 5. grange 6. prison 7. frais

Lösungen Abschlusstest

Übung 1: 1. courant 2. avons, le 3. train 4. de

Übung 2: 1. prenez 2. rentrent 3. employés, noir, blanche 4. regarde, calmement

Übung 3: 1. enquêtent 2. empoisonne 3. sourions 4. choisis 5. finis 6. dirigez

Übung 4: 1. Annie dit à Chef qu'il ne sait pas voler. 2. L'homme m'affirme qu'il connaît mes parents. 3. Annie dit qu'elle ne mourra pas de faim. 4. Elle promet à Chef qu'ils iront à la plage. 5. L'hôtelière nous demande si nous apprécions nos vacances. 6. Elle leur demande si elle peut venir avec eux.

Übung 5: 1. faisait 2. interdisiez 3. décevaient 4. entendais 5. mangeait 6. demandions 7. croyiez 8. rentraient Lösung: incendie
Übung 6: 1. falsch 2. richtig 3. richtig 4. falsch 5. richtig 6. falsch
Übung 7: choisissant, prenant, disant, servant, croyant, étant, faisant, mangeant, cachant
Übung 8: 1. Je vais chercher une bonne bouteille de vin à la cave. 2. On ne peut pas lui faire confiance. 3. La bonne/servante a un amant. 4. La cuisinière est un peu sourde.
Übung 9: 1. falsch 2. richtig 3. richtig 4. falsch 5. falsch 6. richtig 7. falsch
Übung 10: 1. comme 2. que 3. que 4. comme 5. comme 6. que
Übung 11: 1. b 2. b 3. a 4. a 5. b 6. a 7. b

Glossar

f	feminin
fam	umgangssprachlich
fig	bildlich
irr	unregelmäßig
m	maskulin
pl	Plural
v	Verb

aboiement *m*	Gebell
aboyer *v irr*	bellen
abracadabra	hokuspokus
accusation *f*	Beschuldigung, Anschuldigung
à contre cœur	ungern
admirateur, trice *m, f*	Verehrer(in)
adolescent, e *m, f*	Jugendliche(r)
à genoux *m, pl*	auf den Knien, kniend
agresseur *m*	Angreifer
aigle *m*	Adler
à l'écart *m*	abseits
aligner *v*	aufreihen
allure *f*	Aussehen; Geschwindigkeit
amant, e *m, f*	Geliebte(r)
amical	freundlich
à moins que	es sei denn; außer dass
amuse-gueule *m*	Appetithäppchen
ange *m*	Engel
angoisse *f*	Angst; Sorge
annuler *v*	absagen; stornieren
à peine	kaum
(s')apercevoir *v irr* **(de)**	erblicken, wahrnehmen; bemerken
approuver *v*	zustimmen
à quatre pattes *f, pl*	auf allen Vieren, vierbeinig
arbitre *m, f*	Schiedsrichter(in)

à regret *m*	ungern
assassinat *m*	Mord
assommer *v*	niederschlagen
au bout de	am Ende; nach (zeitlich)
auditoire *m*	Zuhörer *pl*
au, du moins	mindestens; wenigstens
aveu *m*	Gedächtnis
avoir *v irr* **hâte de**	es eilig haben
avoir *v irr* **honte**	sich schämen
avoir *v irr* **l'air**	aussehen
avoir *v irr* **le temps de faire qc**	genug Zeit haben, etw. zu tun
avoir *v irr* **son compte**	seinen Teil bekommen
babiole *f*	Kleinigkeit
baguette *f* **magique**	Zauberstab
balbutier *v irr*	stammeln
banquette *f* **arrière**	Rücksitz
barbelé *m*	Stacheldraht
barrière *f*	Zaun
battre *v*	schlagen
bavard	geschwätzig
bêtise *f*	Dummheit
Bichon *m*	Malteser (Schoßhund)
blague *f*	Witz, Scherz
blockhaus *m*	Bunker
bol *m*	Schale
bondir *v irr*	(auf)springen
bonne *f* **(à tout faire)**	Mädchen für alles, Dienerin
bousculer *v*	anrempeln
branche *f*	Ast
bras *m* **dessus, bras** *m* **dessous**	Arm in Arm
brassard *m*	Armbinde
bredouiller *v*	stammeln
brouhaha *m*	Getöse
brouter *v*	weiden

brûler *v*	(ver)brennen
buraliste *m, f*	Tabakhändler(in)
bureau *m*	Arbeitszimmer, Büro
bureau *m* **de tabac**	Tabakladen
buté	eigensinnig
Ça peut aller chercher loin !	Das kann weit führen!
cadavre *m*	Leiche
cadenas *m*	Vorhängeschloss
cagoulé	vermummt
canapé *m*	Sofa; Häppchen
casier *m*	Regal; Schließfach
casquette *f*	Schirmmütze
céder *v*	nachgeben
ceinture *f* **(de sécurité)**	Sicherheitsgurt
cellule *f*	Zelle
certitude *f*	Gewissheit
chair *f* **de poule**	Gänsehaut
chambre *f* **froide**	Kühlraum
charger *irr* **qn de faire qc**	jdn. beauftragen, etw. zu tun
chausson *m*	Hausschuh
chenil *m*	Zwinger
chignon *m*	Dutt
cinglé *fam*	bekloppt *fam*
claudiquer *v*	humpeln
clavier *m*	Tastatur
clin *m* **d'oeil**	Augenzwinkern
coincer *v irr*	fangen, erwischen
combattre *v irr*	(be)kämpfen
comparer *v*	vergleichen
complice *m, f*	Komplize, Komplizin
comptoir *m*	Ladentisch; Tresen,Theke
conclure *v irr*	schlussfolgern; abschließen
conclusion *f*	Schlussfolgerung
confrère *m*	Kollege
connu	bekannt
consoler *v*	trösten

conteneur *m*	Container
contrarié	verärgert
contredire *v irr* **qn**	jdm. widersprechen
costaud *fam*	kräftig
couler *v*	fließen, tropfen, laufen
coupable *m, f*	Schuldige(r)
coupable	schuldig
couple *m*	(Ehe-)Paar; Ehe
courbette *f*	Bückling (Verbeugung)
cran *m fam*	Mut
crème *f* **fouettée**	Schlagsahne
croûte *f* **feuilletée**	Blätterteigkruste
cruel	grausam
cuvée *f*	Jahrgang
d'ici que	bis
débile *fam*	schwachsinnig
déception *f*	Enttäuschung
décevoir *v irr*	enttäuschen
déclencher *v*	auslösen
déconcerter *v*	verwirren, aus dem Konzept bringen
découvrir *v irr*	entdecken; ertappen
dégoûter *v*	anwidern
démarrer *v*	starten; anspringen; losfahren
dénomination *f*	Bezeichnung
dénommer *v*	benennen
dentelle *f*	Spitze
déranger *v*	stören
désert	verlassen
désespéré	verzweifelt
détour *m*	Umweg; Abstecher
deux-chevaux *f*	(Citroën) 2 CV, Ente
devinette *f*	Ratespiel
devoir *v irr*	müssen, sollen; schulden
digérer *v irr*	verdauen
diriger *v irr*	leiten, führen
disposition *f*	Verfügung

(à) domicile *m*	(zu) Haus(e), Wohnsitz
donner *v* **carte blanche**	freie Hand lassen
double *m*	Duplikat; Zweitschlüssel
double	Doppel-, doppelte(r, s)
doué	begabt
échelle *f*	Leiter
éclairagiste *m, f*	Beleuchter(in); Lichttechniker(in)
effectivement	tatsächlich
effraction *f*	Einbruch
élucider *v*	lösen, aufklären
embouteillage *m*	Stau
employé, e *m, f*	Angestellte(r)
empoisonnement *m*	Vergiftung
empreinte *f*	(Finger-)Abdruck
En route!	Auf geht's!
en tout cas	auf jeden Fall
en vouloir *v irr* **à qn**	auf jdn. böse sein, jdm. etw. Böses wollen
encaisser *v*	(ein)kassieren
enceinte *f*	Gelände
enclos *m*	eingezäuntes Grundstück; Gehege
encourager *v irr*	ermutigen
en flagrant délit *m*	in flagranti, auf frischer Tat
engagement *m*	Auftrag
énigme *f*	Rätsel
ennemi, e *m, f*	Feind(in)
enquête *f*	Untersuchung, Ermittlung
enseigne *f*	Schild
entêtement *m*	Sturheit
(s')entraîner *v*	mitnehmen, mit sich reißen; trainieren
entreprendre *v irr*	unternehmen
entrevoir *v irr*	erahnen, undeutlich sehen
équipe *f*	Gruppe, Team; Mannschaft
escalade *f*	Klettern
escalader *v* **qc**	über/auf etw. klettern

escroc *m*	Betrüger(in)
escroquer *v*	betrügen
escroquerie *f*	Betrug
espionner *v*	nachspionieren, bespitzeln, belauschen
estrade *f*	Bühne
étagère *f*	Regal
Etat *m*	Staat
état *m*	Zustand
étouffer *v*	ersticken
étrangler *v*	erwürgen
être *v irr* **assis, e**	sitzen
être *v irr* **au courant (de qc)**	(über etw.) im Bilde sein
être *v irr* **dans de beaux draps**	in der Klemme sitzen
être *v irr* **en route**	unterwegs sein
être *v irr* **en service**	im Dienst sein
être *v irr* **en train de faire qc**	dabei sein, etw. zu tun
étroit	eng, schmal
évier *m*	Spülbecken
exagérer *v*	übertreiben
examiner *v*	untersuchen
exigeant	anspruchsvoll
fâché	verärgert
facteur, -trice *m, f*	Briefträger(in)
faillir *v irr*	beinahe …
faire *v irr* **confiance à qn**	jdm. vertrauen
faire *v irr* **de la peine**	leidtun
faire *v irr* **de son mieux**	sein Bestes tun
faire *v irr* **le point**	zusammenfassen
faire *v irr* **le rapprochement**	den Zusammenhang sehen
faire *v irr* **sa prière**	beten
faire *v irr* **un coup**	eine Straftat begehen
faire *v irr* **une fugue**	ausreißen
faire *v irr* **une prise**	Haltegriff ansetzen
faire *v irr* **un signe**	winken
fait maison	hausgemacht

farce *f*	Scherz
fauve *m*	Raubtier
faveur *f*	Gunst
félin *m*	(Raub-)Katze
feu *m* **rouge**	rote Ampel
fiancé, e *m, f*	Verlobte(r)
fichier *m*	Datei; Akte
fictif	Schein-
fierté *f*	Stolz
fiévreux	fiebrig
fines herbes *f pl*	Küchenkräuter
foie *m* **gras**	Stopfleber
fouiller *v*	wühlen
fourmi *f*	Ameise
fourrure *f*	Pelz
fracas *m*	Krach
frais	kühl
framboise *f*	Himbeere
fréquent	häufig
fréquenter *v*	verkehren
front *m*	Stirn
fugue *f*	Flucht
fumée *f*	Rauch
fusiller *v* **du regard**	vernichtende Blicke zuwerfen
gâcher *v*	verderben
garce *f, fam*	Biest, Miststück *fam*
(se) garer *v*	parken
gars *m, fam*	Kerl, Typ
gémir *v irr*	klagen
glisser *v*	gleiten, ausrutschen; schieben
gonflé	geschwollen; aufgebläht
goûter *v*	kosten, probieren
grâce à	dank
grange *f*	Scheune
grillage *m*	Drahtzaun
grille *f*	Gitter

grille-pain *m*	Toaster
gringalet *m, fam*	schmächtiges Kerlchen
grisonnant	grau meliert
gronder *v* **(qn)**	knurren; (jdn.) schimpfen
groseille *f*	rote Johannisbeere
gueule *f*	Maul
gyrophare *m*	Blaulicht
haie *f*	Hecke
hausser *v* **les épaules**	mit den Achseln zucken
héritage *m*	Erbe
hériter *v*	erben
hocher *v* **la tête**	(mit dem Kopf) nicken
honnête	ehrlich
honneur *m*	Ehre
hors de lui	außer sich
illuminations *f, pl*	Beleuchtung; Lichter
imaginer *v*	sich vorstellen; sich ausdenken
imbattable	unschlagbar
impeccable	einwandfrei, tadellos
impression *f*	Eindruck
impressionner *v*	beeindrucken
improbable	unwahrscheinlich
impuissance *f*	Ohnmacht
inanimé	leblos
inaudible	nicht hörbar
incendiaire *m*	Brandstifter
incendie *m*	Brand
incompatibilité *f*	*hier:* Integrationsschwierigkeiten
inculper *v*	Anklage erheben gegen; belasten
indécis	unentschieden
indice *m*	Indiz, Hinweis, Spur
indifférent	gleichgültig
indigné	empört
inhabituel	ungewöhnlich
innocent	unschuldig
insister *v*	drängen; nicht nachgeben

inspecter *v*	inspizieren; durchsuchen
inspirer *v* **confiance**	Vertrauen erwecken
interlocuteur, trice *m, f*	Gesprächspartner(in)
interroger *v irr* **qn**	jdn. vernehmen, befragen
interrompre *v irr*	unterbrechen
intervenir *v irr*	eingreifen
intervention *f*	Einsatz
invité, e *m, f*	Gast
inviter *v*	einladen; auffordern
irremplaçable	unersetzbar
jalousie *f*	*hier:* Eifersucht, Neid
je suis désolé, e	es tut mir leid
joue *f*	Wange
jouer *v* **à cache-cache**	Verstecken spielen
jouer *v* **un mauvais tour à qn**	jdm. einen schlechten Streich spielen
jumelles *f, pl*	Fernglas
lâcher *v*	loslassen, losmachen; lecken
laisse *f*	(Hunde-)Leine
lèvre *f*	Lippe
libellule *f*	Libelle
lieux *m, pl* **du crime**	Tatort
littoral *m*	Küste
local *m* **à poubelles**	Müllraum
loge *f*	*hier:* Garderobe
loi *f*	Gesetz
longer *v*	entlanglaufen; entlangführen an
louche	dubios
maire *m*	Bürgermeister(in)
maître *m* **d'hôtel**	Oberkellner
maîtresse *f*	Geliebte; Herrin; Frauchen
malin, maligne	schlau
malotru *m*	Rüpel, ungehobelter Kerl
maltraitance *f*	Misshandlung
maltraiter *v*	misshandeln
mandat *m* **de perquisition**	Durchsuchungsbefehl
maquillage *m*	Schminke

marche *f*	(Treppen-)Stufe
marché *m* **aux puces**	Flohmarkt
marée *f* **basse**	Ebbe
match *m*	Spiel; Match
méchant *m*	Bösewicht
méchant	bösartig
médecin *m, f* **légiste**	Gerichtsmediziner(in)
membre *m*	Mitglied
menottes *f, pl*	Handschellen
mentir *irr*	lügen
mètre carré *m*	Quadratmeter
mettre *v irr* **qn au courant**	jdn. einweihen, benachrichtigen
mettre *v irr* **son clignotant**	den Blinker setzen
meurtrier, ère *m, f*	Mörder(in)
militant, e *m, f*	Aktivist(in)
mince	schlank; dünn
Mince (alors) ! *fam*	Verflixt (noch mal)! *fam*
mise *f* **en garde**	Warnung
moquette *f*	Teppichboden
mou, mol, molle	weich
mouchoir *m*	Taschentuch
mouette *f*	Möwe
museau *m*	Schnauze
n'engager *v* **à rien**	zu nichts verpflichten
narine *f*	Nasenloch
ne pas être *v irr* **la peine**	sich nicht lohnen
ne pas faire *v irr* **le poids**	alt aussehen *fam*
nouvelle *f*	Nachricht
obéir *v irr*	gehorchen
œufs *m, pl* **brouillés**	Rührei
or *m*	Gold
paille *f*	Stroh
pansement *m*	Pflaster
papillon *m*	Schmetterling
partager *v irr*	untereinander (auf)teilen
parvis *m*	Vorplatz

Pas de quoi en faire un drame !	Kein Grund zur Aufregung!
passer *v* **les menottes**	Handschellen anlegen
passionnant	spannend
penchant *m*	Neigung, Faible
pénétrer *v*	betreten, eindringen
pénombre *f*	Halbdunkel
périphérique *m*	Umgehungsstraße von Paris
permis *m* **(de conduire)**	Führerschein
perquisitionner *v*	durchsuchen
persuader *v*	überzeugen
persuasif	überzeugend
pétition *f*	Petition; Rundschreiben
peu fréquentable	wenig vertrauenerweckend
phare *m*	Leuchtturm
pharmacie *f*	Apotheke
pièce *f* **à conviction**	Beweisstück
piège *m*	Falle
pierreux	steinig
piste *f*	Spur
plaisanter *v*	scherzen
planche *f*	Brett
plateau *m*	Tablett; Platte
poche *f*	Tasche
poids *m*	Gewicht
point *m* **culminant**	Höhepunkt
pompiers *m, pl*	Feuerwehr
ponctuel	pünktlich
portable *m*	Mobiltelefon, Handy
porter *v* **plainte**	Anzeige erstatten
potager *m*	Gemüsegarten
poteau *m*	Pfosten
pourrir *v irr*	verrotten
(en) préfabriqué	Fertigbau-
prestidigitateur *m*	Zauberer
prétendre *v irr*	behaupten

preuve *f*	Beweis
prison *f*	Gefängnis
protéger *v irr*	schützen; decken
prouver *v*	beweisen
punir *v irr*	bestrafen
que je sache	soweit ich weiß
quoiqu'il en soit	wie dem auch sei
raccrocher *v*	*hier:* auflegen
rancœur *f*	Groll
rancunier	nachtragend
ranger *v irr*	aufräumen
rapport *m*	Zusammenhang; Bericht; Beziehung
rassurer *v*	beruhigen
ravage *m*	Verwüstung
ravissant	entzückend
réception *f*	Empfang
reconnaissance *f*	Dankbarkeit
récupérer *v*	holen
(se) redresser *v*	(sich) aufrichten
régularité *f*	Regelmäßigkeit
rejoindre *v irr*	zurückkehren zu; sich gesellen zu
relever *v* **les empreintes**	Fingerabdrücke sicherstellen
renouer *v* **avec**	wieder anküpfen an
rentrer *v* **bredouille**	mit leeren Händen zurückkehren
renverser *v*	umstoßen
repas *m*	Mahlzeit, Essen
répéter *v*	üben, einstudieren; wiederholen
réseau *m*	*hier:* (Mobilfunk-)Netz
ressentir *v irr*	(ver)spüren
rétorquer *v*	erwidern
rétroviseur *m*	Rückspiegel
révéler *v*	enthüllen, verraten
révolté	empört
ridicule	lächerlich
Rira bien qui rira le dernier. *fig*	Wer zuletzt lacht, lacht am besten. *fig*

rond-point *m*	Kreisverkehr
rouge *m* **à lèvres**	Lippenstift
rouge de confusion	rot vor Scham
rumeur *f*	Gerücht
s'adosser *v*	sich anlehnen
s'agripper *v* **à**	sich festklammern an, packen
s'approcher *v* **(de qn/qc)**	sich (jdm./etw.) nähern
s'arranger *v irr*	wieder gut werden
s'effondrer *v*	einstürzen
s'inquiéter *v*	sich Sorgen machen
sacré	heilig; toll
sang *m*	Blut
sangloter *v*	schluchzen
saoul *fam*	besoffen *fam*
scoop *m*	*hier:* exklusive Meldung
se débarrasser *v* **de**	sich entledigen, los werden
se diriger *v irr* **vers qc**	sich zu etw. begeben, in Richtung … gehen
se disculper *v*	sich rechtfertigen
se hisser *v*	sich hochziehen
se lamenter *v*	jammern
se mettre *v irr* **à faire qc**	anfangen, etw. zu tun
se moucher *v*	sich die Nase putzen, schnäuzen
se porter *v* **garant de qn/qc**	sich für jdn./etw. verbürgen
se régaler *v*	es sich schmecken lassen; genießen
se réjouir *v irr*	sich freuen
se taire *v irr*	schweigen, still sein
se tutoyer *v irr*	sich duzen
secret *m*	Geheimnis
secret	heimlich
sentir *v irr*	fühlen; riechen
serrer *v*	drücken
siècle *m*	Jahrhundert
sinistre	düster
SPA (société *f* **protectrice des animaux)**	Tierheim

sommelier, ère *m, f*	Kellermeister(in), Weinkellner(in)
sonnerie *f*	Klingeln, Läuten
soupçon *m*	Verdacht
soupçonner *v*	verdächtigen
soupçonneux	argwöhnisch
soupirer *v*	seufzen
sourd	taub
sous-entendu *m*	Andeutung
sous-sol *m*	Untergeschoss, Keller
stupéfait	verblüfft
superficiel	oberflächig
supplier *v*	(an)flehen
supporter *m, f*	Fan, Anhänger(in)
sur place	vor Ort
surnom *m*	Spitzname
sursauter *v*	zusammenzucken
survêtement *m*	Trainingsanzug
suspect, e *m, f*	Verdächtige(r)
suspect	verdächtig
tabouret *m*	Hocker
tâche *f*	Aufgabe
tacot *m, fam*	alte Kiste *fam* (Oldtimer)
tailler *v*	hauen; schneiden
tant mieux	umso besser
tapage *m* **nocturne**	nächtliche Ruhestörung
tape *f*	Klaps
tapissé	überzogen
tartine *f*	belegte Brotscheibe
tatouage *m*	Tätowierung
témoignage *m*	Zeugenaussage
témoin *m*	Zeuge, Zeugin
tenir *v irr* **en laisse**	an der Leine führen
tenir *v irr* **qn au courant (de qc)**	jdn. auf dem Laufenden halten
tenture *f*	Wandteppich
terminus *m*	Endstation

tomber *v* **à la renverse**	umkippen, hintenüber fallen
torchon *m*	Küchentuch
tour *m* **de passe-passe**	Zaubertrick
tournée *f*	(Trink-)Runde
tourte *f*	Pastete
tourterelle *f*	Taube
trace *f*	Spur
trinquer *v*	anstoßen
(se) tromper *v*	(sich) täuschen; betrügen
trou *m*	Loch
un(e) dénommé(e)…	ein(e) gewisse(r)…
valoir *v irr*	Wert sein
veille *f*	Vortag
vendanges *f, pl*	Weinlese
vendangeur, euse *m, f*	Weinleser(in)
vengeance *f*	Rache
vérifier *v*	nach-, überprüfen
vexé	beleidigt
victime *f*	Opfer
vide-ordures *m*	Müllschlucker
viser *v*	(ab)zielen auf
vitre *f*	(Fenster-)Scheibe
voisinage *m*	Nachbarschaft
volage	flatterhaft
volaille *f*	Geflügel
voler *v*	fliegen; stehlen, klauen, wegnehmen
volet *m*	Fensterladen
volontairement	*hier:* absichtlich; freiwillig
vouvoyer *v*	siezen